Stefan Kunz

Jesus atmen

www.fontis-verlag.com

STEFAN KUNZ

Jesus atmen

DIE HEILSAME KRAFT CHRISTLICHER MEDITATION

fontis

Bibliografische Information der Deutschen Nationalbibliothek

Die Deutsche Nationalbibliothek verzeichnet diese Publikation in der Deutschen Nationalbibliografie; detaillierte bibliografische Daten sind im Internet über http://dnb.dnb.de abrufbar.

Der Fontis-Verlag wird von 2021 bis 2026 vom Schweizer Bundesamt für Kultur unterstützt.

Fontis AG
Steinentorstrasse 23, 4051 Basel, Schweiz
info@fontis.ch

Verantwortlich in der EU:
Fontis Media GmbH
Baukloh 1, 58515 Lüdenscheid, Deutschland
fontis@fontis-media.de

Abkürzungen weiterer verwendeter Bibelübersetzungen:

LUT Lutherbibel, revidiert 2017, © 2016 Deutsche Bibelgesellschaft, Stuttgart
GNB Gute Nachricht Bibel, durchgesehene Neuausgabe, © 2018 Deutsche Bibelgesellschaft, Stuttgart
NGÜ Bibeltext der Neuen Genfer Übersetzung – Neues Testament und Psalmen. Copyright © 2011 Genfer Bibelgesellschaft. Wiedergegeben mit freundlicher Genehmigung. Alle Rechte vorbehalten.
EIN Einheitsübersetzung der Heiligen Schrift. © 2016 Katholische Bibelanstalt GmbH, Stuttgart. Alle Rechte vorbehalten.
ZÜR Zürcher Bibel © 2007 Zürcher Bibel/Theologischer Verlag Zürich
Eig. Eigene Wiedergabe des Autors

Die Hervorhebungen in Bibelzitaten wurden vom Verfasser vorgenommen.

2. Auflage 2026

Lektorat: Miriam Bokelmann
Umschlaggestaltung: CaroGraphics, Carolin Horbank, Dresden
Umschlagillustration: boval – adobe.stock.com
Satz: Gabriel Walther Media & Design, Berlin
Druck: Finidr
Gedruckt in der Tschechischen Republik

ISBN 978-3-03848-283-3

FSC www.fsc.org
MIX
Papier | Fördert gute Waldnutzung
FSC® C014138

INHALT

Einleitung

Alles begann mit einem kleinen Zettel.

Ich bekam ihn als junger Student in einem Kloster in Tübingen. Das Kloster, *Edith-Stein-Karmel* genannt, war in einer herrlichen alten Villa hoch über dem Neckar angesiedelt und diente den dortigen Ordensschwestern als Ort der Gemeinschaft und des Gebets. Sie hatten am Aushangbrett der Universitätsmensa zu einem «Meditationsabend» eingeladen, und ich war aus reiner Neugier ihrer Einladung gefolgt.

Das Haus und die Kapelle waren lichtdurchflutet. Die Atmosphäre war warm und friedvoll. Wir, die neugierigen Gäste, wurden mit freundlichen, humorvollen Worten von einer jungen Schwester begrüßt, die barfuß in Sandalen ging.

Bevor es in der großen Runde – auf Meditationsschemeln sitzend – losging, wurden uns kleine Zettel ausgeteilt, auf denen ein kurzes Gedicht in spanischer und deutscher Sprache abgedruckt war. Es stammte, wie uns erklärt wurde, von Teresa von Ávila, einer spanischen Mystikerin aus dem 16. Jahrhundert. Teresa war eine bedeutende Kirchenlehrerin und die Gründerin des Ordens der «Unbeschuhten Karmelitinnen», bei denen wir gerade zu Gast waren.

Nach ihrem Tod wurde das besagte Gedicht in ihrem Gebetbuch als Einlegeblatt gefunden. Es lautete in der deutschen Übersetzung, die wir damals zu lesen bekamen:

Nichts dich beirrre,
nichts dich verwirre;
alles vergeht.

Gott zieht nicht um.
Geduld
erreicht alles.

Wer sich zu Gott hält,
dem fehlt nichts:
Gott allein genügt.

Ich war wie elektrisiert: Nichts braucht mich zu beirren und zu verwirren?

Gott zieht nicht um? Wohnt er etwa schon *bei* mir und *in* mir? Finde ich in ihm wirklich alles, was wichtig ist? Stimmt es: Gott allein genügt?

Auf Spanisch lautete die letzte Zeile besonders eindrücklich: «*Solo Dios basta.*» Allein Gott ist genug? In Gott ist die Erfüllung von allem?

Die Antwort klang stark und klar: Ja, definitiv, so ist es, basta!

War das die Stimme Jesu, die an jenem Abend im Kloster zu mir sprach? Ich war hingerissen von dieser neuen Dimension geistlichen Lebens, die sich mir hier auftat und die ich als «verkopfter» junger Protestant nicht kannte.

Im schweigenden Sitzen und Beten wurde mir plötzlich klar: Dieses stille Vertrauen, das aus Teresas Worten sprach, war auch ein Weg für mich – ein Weg, den ich unbewusst schon lange gesucht, aber bisher nicht gefunden hatte!

Ich spürte: Wer die Botschaft dieses kleinen Gedichts zu sich selbst sprechen lässt, der wird neu verwurzelt in einem göttlichen Grund. Wer die wenigen Zeilen tief in sich aufnimmt, der wird innerlich frei.

Die freundlichen, leichtfüßigen und klugen Schwestern waren ein lebendiges Beispiel dafür. Der Geist im Tübinger Karmelkloster war ganz offensichtlich ein heiliger Geist, ja, der Heilige Geist höchstpersönlich, der sich mir an jenem Abend in bislang ungekannter Kraft und Wirkung zeigte.

Das einfache, kontemplative Leben der Karmelitinnen war wie eine helle Stimme, die allen Menschen mit den Worten der Teresa von Ávila zurief: Gott allein genügt!

***

Von da an hatte es mich «gepackt».

Ich folgte den Spuren christlicher Meditation und Mystik und entdeckte dabei immer mehr geistliche Schätze in unserer Tradition. Ich erlebte, wie die uralten meditativen Praktiken Angst und innere Unruhe vermindern können, wie sie Liebe und Besonnenheit fördern und das Leben rundum bereichern. So wurden mir die verschiedenen geistlichen Übungen über die Jahre zu kostbaren Wegbegleitern.

Was ich gefunden hatte, wollte ich mein ganzes Leben lang auch anderen vermitteln. Als ich dann nach dem Eintritt in meinen Ruhestand angefragt wurde, darüber ein Buch zu schreiben, sagte ich spontan zu.

Das entstandene Buch ist nichts anderes als eine Einladung, der ich selbst gefolgt bin und die ich nun an dich, liebe Leserin, lieber Leser, weitergeben möchte. Ich bin überzeugt, dass in der christlichen Meditation und Kontemplation ungeahnte Kräfte schlummern, die geweckt werden und ihre heilende Wirkung auch in deinem Leben entfalten wollen!

Wozu dieses Buch?

Dieses Buch will dich an die Hand nehmen
und mit dir zusammen Wege betreten,
die das Leben entlasten und entspannen,
die es heller und leichter machen,
die es reinigen und erneuern,
die es innerlich und äußerlich vertiefen
und zur Quelle des Lebens hinführen.

Es will dir Mut machen
zum Innehalten und Stillwerden,
zum inneren Sich-Aufrichten,
zum Schauen und Hören,
zum Spüren und Verweilen,
zum Leerwerden und Loslassen,
zum Ausatmen und Aufatmen,
zum Empfangen und Danken,
zum Vertrauen auf Gott,
zum Vertrauen auf Christus.

Es will dich wegführen
von einem fremdbestimmten Leben,
das nur von außen gelenkt und gesteuert wird,
von pausenlosen Ablenkungen und Zerstreuungen,
von der hektischen Jagd nach Leistung und Erfolg,
nach Macht und Geld, nach flüchtiger Liebe und Anerkennung,
hin zu einem Leben, das einfach, wach und gesammelt ist.

Es will dich zur Mitte führen,
ins Zentrum der Liebe Gottes zu dir und mir.

Es will dich ermutigen,
den Geist Jesu zu atmen
und dadurch wieder neu aufzubrechen
auf Wege der nüchternen Weltverantwortung,
auf Wege der sehenden Liebe,
der tatkräftigen Hilfe
und des ehrlichen Mitgefühls
in der Nachfolge Jesu.

***

Mit meinem Buch will ich dich also ermutigen zur Meditation und Kontemplation, wie sie in unserer christlichen Tradition über Jahrhunderte hinweg praktiziert wurden. Denn ich bin überzeugt, dass sie bis heute durch die regelmäßige Übung einen heilsamen Kontakt zu Gott ermöglichen und unter einer besonderen Verheißung stehen.

In zwölf Kapiteln möchte ich das große, bunte Spektrum der christlichen Meditations- und Kontemplationsformen entfalten und dich dazu einladen, einen oder mehrere der beschriebenen Zugänge allein oder mit anderen zusammen auszuprobieren. Dabei werde ich deutlich machen, dass die beschriebenen Wege von Gott selbst eingerichtet wurden, damit wir seine Gegenwart *bei* uns und *in* uns spüren können.

Aber keine Sorge: Meditation und Kontemplation sind nicht nur etwas für «religiös Begabte». Hinter allem, was ich in diesem Buch aufzeige, steht die Einsicht, dass der christliche Glaube für jeden von uns verständlich und zugänglich ist. Sein Kern ist das Evangelium, das heißt die gute Nachricht von Gottes unerschöpflicher Liebe zu uns Menschen. Diese Botschaft ist weder kompliziert noch schwer zu verstehen.

Christsein bedeutet, auf die Barmherzigkeit Christi im Leben und im Sterben zu vertrauen, die Bibel zu lesen, zu beten und Gott und den Nächsten zu lieben wie sich selbst. Meditation und Kontemplation sind dabei kein Selbstzweck, sondern Mittel zum Ziel.

Allerdings sind diese Mittel vom Schöpfer des Lebens so eingerichtet, dass sie schon für sich genommen eine lebensdienliche und gesundheitsfördernde Wirkung haben. Jeder, der sich darauf einlässt, kann dies erfahren – ob nun «Profi» oder «Anfänger»!

Die heilsame Kraft der Meditation

Die Heilkraft von Meditation und Kontemplation ist schon seit Jahrtausenden bekannt. Sie ist in der Natur des Menschen angelegt und wird seit jeher in vielen Kulturen und Religionen der Welt genutzt.

In den letzten Jahrzehnten hat die moderne Medizin diese Zusammenhänge zunehmend ans Licht gebracht. Es ist erwiesen, dass in Stresssituationen Hormone ausgeschüttet werden, die uns aufputschen, um entweder schnell angreifen oder fliehen zu können.

Andersherum wird durch mentale Ruhepausen der sogenannte Vagusnerv aktiviert. Dieser Nerv ist für Ruhe und Erholung in unserem Nervensystem zuständig und kann trainiert werden. Genau das geschieht durch Meditation und Kontemplation!

Wir reagieren dann auf die täglichen Herausforderungen und Bedrohungen nicht auf die übliche, hormongesteuerte Weise mit Angriff oder Flucht. Anstatt die Schuld auf andere zu schieben, egoistische Strategien und unlautere Taktiken anzuwenden, können wir die Dinge für eine Weile sein lassen, wie sie sind:

- Wir treten einen Schritt zurück.
- Wir halten inne.
- Wir gehen ins Schweigen.
- Wir entdecken die Stille.

Meditation im weitesten Sinne kann so das gedankliche Trommelfeuer stoppen. Wir treten aus dem Sorgen- und Gefühls-Karussell heraus. Innere Blockaden, negativer Stress und Spannungen werden gelöst.

Der Geist wird freier und klarer, die Seele ausgeglichener. Dadurch entkrampft sich auch unser Verhalten und wir können angemessener auf Herausforderungen reagieren.

Unsere Wahrnehmung wird genauer, unsere Intuition ungetrübter, der ganze Körper entspannter. Es wurde sogar nachgewiesen, dass Meditation chronische Schmerzen lindern und latente Ängste vermindern kann.

Doch was genau bewirkt diese positiven Veränderungen? Worin liegt nun das Geheimnis der Meditation und Kontemplation?

Es sind die bewussten Unterbrechungen unseres Alltags – unseres pausenlosen Stroms von Gedanken, Sorgen, Ängsten und Gefühlen aller Art –, die heilsam wirken. Es ist das regelmäßige «Es-gut-sein-Lassen» in Gottes Namen, was unser Leben wieder ins Lot zu bringen vermag.

In der vertrauensvollen Hingabe unserer selbst an Gott, den Schöpfer allen Lebens, gewinnen wir neue Kraft, Achtsamkeit, Liebesfähigkeit und inneren Frieden.

Fünf Dimensionen der Meditation

Bevor wir uns den einzelnen Arten der Meditation und Kontemplation zuwenden, möchte ich noch einige Gedanken vorausschicken. Denn auch wenn die in diesem Buch vorgestellten Übungen leicht umzusetzen sind, ist es doch entscheidend, sich innerlich darauf einzulassen und sie mit der richtigen Haltung zu beginnen.

Fünf Punkte scheinen mir dabei besonders wichtig zu sein. Ich nenne sie die «fünf Dimensionen der meditativen Grundhaltung». Wenn du sie beherzigst, hast du schon viel erreicht!

1. Das Geerdet-Sein, die Gelassenheit

Wer meditiert, macht sich zunächst bewusst, auf welchem Boden er steht oder sitzt, was ihm den nötigen Halt verleiht. Er weiß sich getragen vom Fußboden, von der Erde, von Gott.

Er nimmt Kontakt auf mit der «Grundlage» seines Lebens. Er «erdet» sich, lässt gleichsam alle Anspannungen abfließen zum Erdboden hin. Er überlässt sich dem Boden der Tatsachen, dem Boden der Wirklichkeit, auf dem er geht, steht, sitzt oder liegt.

Weil er sich dabei selber loslässt, gewinnt er «Ge-lassenheit». Nicht von ungefähr ist das Wort Gelassenheit eine Erfindung des mittelalterlichen Mystikers Meister Eckhart (1260-1327), der damit eine besondere Dimension der meditativen Erfahrung auf den Punkt bringt:

Wer den Griff lockert und all das loslässt, was er hat, was er denkt und fühlt, was er weiß, was er kann, was ihn umtreibt – der ist ein wahrhaft gelassener Mensch. Jede echte Meditation und Kontemplation fängt damit an.

2. Das Sich-Aufrichten, die Aufrichtigkeit

Wer meditiert, richtet sich auf. Mit krummem Rücken kann man nicht meditieren.

Es dauert oft eine Weile, bis wir wirklich «im Lot» sind und wahrhaft aufrecht stehen, sitzen oder knien. In dieser aufrechten Haltung zu verweilen, ist nicht einfach und will geübt sein.

Es ist durchaus angemessen, sich während der Meditation und Kontemplation auch vor Gott zu verbeugen in Ehrfurcht, Dankbarkeit und Anbetung. Dann aber dürfen wir uns wieder erheben zu der inneren Größe und Würde, die uns unser Schöpfer zugedacht hat.

Das körperliche Sich-Aufrichten ist eine Grundvoraussetzung für gelingendes Meditieren. Es hilft, nicht nur äußerlich, sondern auch innerlich geradlinig zu sein und ein aufrichtiges Wesen an den Tag zu legen.

3. Die Achtsamkeit auf die Welt, auf sich selbst, auf Gott

Wer meditiert, übt sich in Achtsamkeit.

Im Alltag ist unser Blick häufig oberflächlich und ungeduldig, der Blickwinkel schmal. Unsere Wahrnehmung der Welt ist von unseren Interessen geleitet: Sie schaut auf das, was uns gerade nützt oder schadet. Sie ist gesteuert von unseren Trieben, Neigungen und Bedürfnissen aller Art, aber auch von den Ängsten und Sorgen, die uns umtreiben.

Dadurch ist unsere Wahrnehmung oft eingetrübt, sei es «sonnenbrillenartig» dunkel, wenn die Ängste und negativen Gefühle in uns überwiegen, oder «rosarot», wenn wir uns falschen Hoffnungen, Illusionen und Schönfärbereien hingeben.

Meditieren heißt, nach und nach alle diese Tönungen zu beseitigen. In der Meditation betrachten wir die Welt so, wie sie sich zeigt, ohne zu urteilen, zu bewerten, zu «objektivieren» oder sie in den Griff bekommen zu wollen.

Wir achten auf uns selbst, unseren Körper, unsere Gefühle und Gedanken – vorurteilsfrei, ehrlich und wach. Wir schauen ganz bewusst auch auf das, was wir gewöhnlich übersehen und verdrängen.

Und schließlich achten wir auf den letzten Horizont unseres Lebens, den göttlichen Horizont, von dem wir herkommen und zu dem wir hingehen. Unser Blick wird geduldig und weit – offen für das, was war, was ist und was kommt.

4. Die innere Stille und «Leere»

Wer meditiert, geht in die Stille.

Von Natur aus haben wir in der Regel kein gutes Gefühl, wenn es plötzlich still wird um uns herum. Die Stille erinnert uns an Stillstand und Tod. Vor der «Grabesstille» haben wir verständlicherweise Angst. Wir zerstreuen uns dann gerne mit kurzweiligen Dingen, mit Gespräch, Musik, Trubel und Geselligkeit. Das lenkt ab und bringt auf andere Gedanken. Es verhindert, dass diejenigen Dinge in uns hochkommen, die in der Tiefe unserer Seele ihr Schattendasein führen, oft mit einer subversiven Kraft, die uns nicht oder nur ansatzweise bewusst ist.

In der Meditation wagen wir es, uns in eine Stille hineinzubegeben, die zunächst äußerlich ist, aber nach und nach auch innerlich werden soll. Im Stillesein finden wir letztlich Frieden.

Doch bis dahin ist es ein langer Weg. Die Erfahrung zeigt, dass in der Stille die unterdrückten Stimmen in uns erst einmal immer lauter und mächtiger werden. Es kann dauern, bis sie sich nach und nach «ausgesprochen» und «ausgetobt» haben und sich das aufgewühlte Meer unseres Bewusstseins auf neue, ungeahnte Weise beruhigt hat.

Im Stillwerden, im Leerwerden wird ein Freiraum geschaffen, in den neue Lebenskräfte einströmen können. Während im Buddhismus die «große Leere» um ihrer selbst willen gesucht und erstrebt wird, geht es in unserer jüdisch-christlichen Glaubenstradition darum, «leer» zu werden für Gott. Wenn das Gefäß unserer Seele nicht mehr hoffnungslos überfüllt ist, sondern leergeräumt, kann Gott seine Liebe, sein Licht und seinen Segen aufs Neue hineinlegen.

5. Die Empfänglichkeit für den Geist Jesu

Wer meditiert, wird empfänglich für das, was größer ist als unser kleines Leben und höher als jede Vernunft.

Er wird empfänglich für die Herrlichkeit und Liebe des lebendigen Gottes. Er weiß und spürt:

- Gott ist *über* uns als Schöpfer der Welt.
- Er ist *mit* uns in Jesus Christus, unserem Bruder und Erlöser.
- Er ist *in* uns als Heiliger Geist.

Alles, was uns von Gott trennt, darf in der Meditation und Kontemplation Gottes ewiger Barmherzigkeit anvertraut werden. Es darf vergehen. Es darf sich auflösen wie Nebel in der Sonne.

Es darf vorüberziehen wie Wolken am Himmel.

In der Meditation dürfen wir ausatmen, was alt und verbraucht ist, und dürfen einatmen, was uns heilt, erfrischt und belebt.

Wir dürfen «Jesus atmen».

Christliche Meditation ist ein Öffnen der inneren Kanäle, durch die der Geist Gottes uns immer wieder neu durchströmen kann.

Meditation und/oder Kontemplation?

Die beiden Begriffe «Meditation» und «Kontemplation» sind nun schon mehrmals gefallen. Doch worin besteht eigentlich der Unterschied? Wie lässt sich das eine vom anderen abgrenzen?

Die Grenzen sind fließend, aber man kann sagen, dass Meditation eher «gegenständlich» und Kontemplation eher «übergegenständlich» ist. Das bedeutet:

Christliche *Meditation* meint das stille Betrachten eines Gegenstandes oder Bildes, das Schauen und Staunen in der Natur, das andächtige Hören auf Musik etc. Es geschieht in der erwartungsvollen Haltung, dass Gott mich durch diese äußere Sache anspricht und mich durch sie auf Christus, meinen Heiland und Erlöser, hinweist.

Christliche *Kontemplation* meint dagegen das «gegenstandslose» Innewerden der allumfassenden und alles durchdringenden Gegenwart Gottes. Es ist sozusagen das Eintreten in den «Tempel» *(con-templatio)* der Liebe Christi. Dort kann ich beten: «Ich in dir, du in mir» (vgl. 1. Johannes 4,16), oder einfach lauschen auf das «unaussprechliche Seufzen» des Heiligen Geistes (vgl. Römer 8,26).

Meditation und Kontemplation sind also keine Gegensätze. Sie ergänzen einander und führen uns aus verschiedenen Richtungen tiefer in die Nachfolge und den Frieden Christi hinein.

In dem vorliegenden Buch möchte ich beide Bereiche gleichwertig darstellen. Darum werde ich im ersten Teil sechs unterschiedliche Formen der Meditation und im zweiten Teil sechs Arten der Kontemplation beleuchten.

Zum Gebrauch dieses Buches

Jedes Kapitel folgt einer fünffachen Gliederung:

1. Persönliche Erlebnisse

Zu Beginn berichte ich von eindrücklichen Erfahrungen, die ich selbst im Laufe meines Lebens mit der jeweiligen Meditationsform gemacht habe. Doch es geht hier nicht um mich: Ich möchte dich einladen und inspirieren, dich ebenfalls auf diesen Weg einzulassen und eigene Erfahrungen zu sammeln, allein oder mit anderen zusammen.

2. Biblische Grundlagen

Hier werden Bibeltexte vorgestellt und erläutert, auf denen die jeweilige Meditationsform basiert. Ich will damit aufzeigen, dass Meditation und Kontemplation unserem christlichen Glauben nicht wesensfremd sind, sondern in der Heiligen Schrift begründet liegen.

3. Schätze aus der christlichen Tradition

Seit zwei Jahrtausenden haben Christen die heilsame Kunst der Meditation und Kontemplation geübt, gelehrt und weiterentwickelt. Ihre Zeugnisse sind wie Schätze, nach denen zu graben sich lohnt. Darum stelle ich in diesem Abschnitt oft unbekannte, aber spannende Persönlichkeiten und Texte vor allem aus dem Bereich der christlichen Mystik vor.

4. Heilsame Erfahrungen

Hier berichte ich von den Erfahrungen, die andere Christen vor uns mit den verschiedenen Ausdrucksformen der Meditation und Kontemplation gemacht haben. Sie zeigen auf, inwiefern ein meditativer Lebensstil ein heilsamer (Aus-)Weg sein kann aus dem Kreislauf von Sorgen, Ängsten und Stress, der uns auf vielerlei Weise krank macht.

5. Übungen

Hier findest du praktische Anregungen, um die jeweilige Meditations- oder Kontemplationsform entweder für dich selbst oder gemeinsam mit anderen zu üben. Du wirst sehen: Die Anleitungen sind leicht umsetzbar und erfordern nicht mehr als ein wenig Ruhe und Zeit. Manche Texte kannst du dir auch vorlesen lassen, um das Buch aus der Hand legen und dich ganz auf die Meditation konzentrieren zu können.

Wo dies der Fall ist, findest du dieses Kopfhörer-Symbol neben dem Übungstext.

Rufe dazu einfach folgenden Link auf:
https://www.fontis-shop.com/jesus-atmen
oder scanne den QR-Code.

***

Und nun gilt: Entdecke die Möglichkeiten!

Du brauchst das Buch nicht von vorne bis hinten durchzulesen. Eine Auswahl zu treffen oder nach einer Pause immer wieder auf dieselbe Meditationsform zurückzukommen, kann ebenso sinnvoll sein.

Wähle frei für dich aus, was dich anspricht und zu deiner jetzigen Lebenssituation passt.

Und dann geh einfach los! Mach dich auf den Weg, um «Jesus zu atmen»! Ich wünsche dir, dass du spürst, wie sein heiliger Atem dich erfrischt und erneuert, wie er dich tröstet und stärkt.

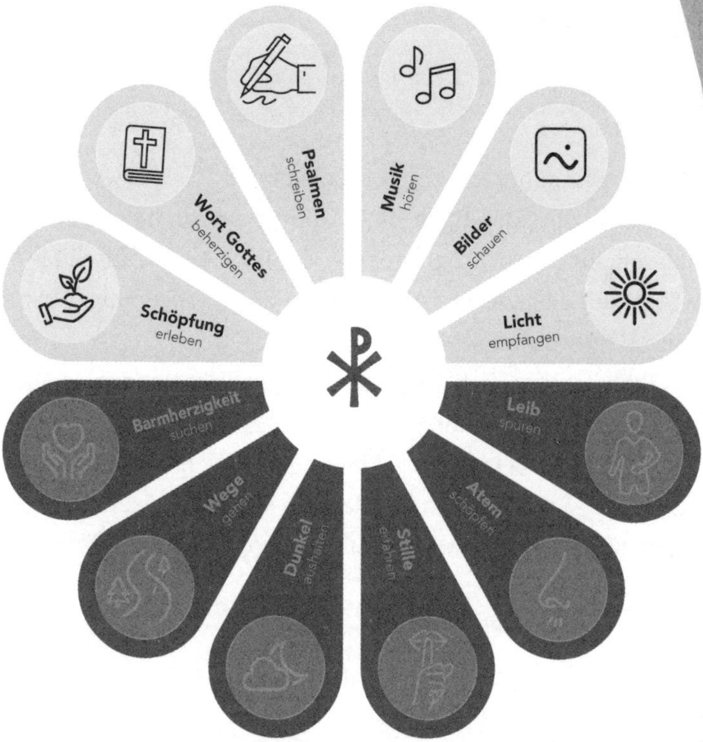

Psalmen schreiben
Musik hören
Bilder schauen
Licht empfangen
Leib spüren
Atem schöpfen
Stille erfahren
Dunkel aushalten
Wege gehen
Barmherzigkeit suchen
Schöpfung erleben
Wort Gottes beherzigen

TEIL 1
MEDITATION

Vom äußeren Schauen zur Anbetung

KAPITEL 1

Schöpfung erleben

Naturmeditation

Seht euch die Vögel an! …

Seht euch an, wie die Lilien auf den Wiesen blühen!

Matthäus 6,26.28

In der stillen Betrachtung von Sonne, Mond und Gestirnen,
von Himmel und Wolken, von Erde und Meer,
von Sand und Felsen, von Bergen und Hügeln,
von Wüsten und Gletschern, von Wäldern, Wiesen und Feldern,
von Wasser und Feuer, von Pflanzen und Tieren aller Art,

im absichtslosen Schauen auf das,
was sich unter dem freien Himmel zeigt,
im ehrfürchtigen Spüren, dass ich selbst
nur ein kleiner Teil der großen Schöpfung Gottes bin,
im Meditieren der Schönheit und Erhabenheit
der sich immer wieder neu wandelnden lebendigen Natur,
in die wir Menschen eingebettet sind,

finde ich Ruhe der Seele und Erfrischung des Körpers,
offenbart sich mir Gott, der Schöpfer, auf wundersame Weise
und vertreibt meine Sorgen und meine innere Rastlosigkeit.

Seht euch die Vögel an! ...
Seht euch an, wie die Lilien auf den Wiesen blühen!
Matthäus 6,26.28

Schon seit Kindertagen zog es mich immer wieder nach draußen, ins Freie. Unter dem offenen Himmel mit anderen zu spielen, zu toben, mit allen Sinnen die Welt zu entdecken, Abenteuer im Wald und am Wasser zu erleben, das war für mich das höchste Vergnügen!

Als Heranwachsender fand ich dann zunehmend Gefallen daran, auch ganz allein mit wachen Augen und Ohren durch die Umgebung zu streifen. Ich fühlte mich nach einer Wanderung durch Felder, Wiesen und Wälder immer erfrischt und gestärkt. Nie habe ich es bereut, aufgebrochen zu sein und mich den Kräften der Natur und den Bildern einer Landschaft ausgesetzt zu haben. Ich ahnte schon damals, welche Heilkraft das Gehen, Atmen und Verweilen in der freien Natur in sich birgt.

Dann aber gab es auch immer wieder Augenblicke, die mich auf diesen Spaziergängen besonders tief berührt haben und die ich noch heute in meiner Erinnerung trage wie einen kostbaren Schatz. Es waren Erfahrungen meditativer Art, die meinen Glauben gestärkt und mein Herz erfüllt haben.

So erinnere ich mich an einen ausgedehnten Gang im Spätsommer über einen langen Feldweg. Links und rechts erstreckte sich das Gelb der Getreidefelder, am Wegesrand aber blühten blaue Kornblumen.

Mein Schritt wurde langsamer und schließlich blieb ich stehen. Ich ging vorsichtig näher heran. Ich beugte mich herab, um das Wunder dieser filigranen Blumen genauer zu betrachten. Fast hätte ich eine gepflückt, um sie mitzunehmen, verzichtete dann aber doch darauf. Ich trat wieder einen Schritt zurück und schaute einfach nur auf das klare, tiefe Azurblau und die schlichte, vollkommene Schönheit dieser Blumen.

Je länger ich hinsah und je ruhiger ich dabei wurde, umso tiefer leuchtete mir das Blau aus diesen Blüten entgegen. In selbstvergessener Stille blieb ich regungslos stehen, ganz empfänglich für das, was sich mir hier offenbarte: die Schönheit dessen, was nicht von Menschenhand, sondern von Gottes Hand erschaffen ist.

Am Abend nach diesem Spaziergang, als ich schon im Bett lag, um langsam in den Schlaf hinüberzudämmern, spürte ich noch einmal in mir die überwältigende Leuchtkraft dieser Blume. Es rührte mich an, wie sie still und bescheiden aus sich selbst heraus strahlt und mit ihrer Farbe die Tiefe des Himmels widerspiegelt. Noch heute gibt es auf die Frage nach meiner Lieblingspflanze nur eine Antwort: Die Kornblume!

Was die Lerche uns lehrt

Unvergessen ist mir auch ein Erlebnis im Frühling, als ich nach einem hektischen Tag in der Gemeinde sorgenvoll an einem Acker entlanglief, den Kopf voller dunkler Gedanken. Plötzlich hörte ich ein zwitscherndes Vogelgeräusch, das meinen Blick nach oben zum leicht bewölkten, weißblauen Himmel lenkte.

Da sah ich sie, in flatternden Bewegungen aufwärtssteigend, und hörte ihren hellen Gesang: die Feldlerche. Unermüdlich schraubte sie sich himmelwärts, immer höher und höher, bis sie sich plötzlich und unvermutet fallen ließ und nach jähem Sinkflug sanft auf dem frisch gepflügten Acker landete. Schon nach kurzer Zeit wiederholte sie unverdrossen dasselbe Spiel: aufsteigen im Wind, unendlich vielfältig jubilieren und sich dann wie ein Stein fallen lassen in dem unergründlichen Vertrauen, dass alles gut geht und der Boden am Ende auffängt und trägt.

Fasziniert folgte ich mit den Augen dem waghalsigen Aufstieg und Fall dieses kleinen Vogels und lauschte auf sein fröhliches Singen und Tirilieren. Ich schaute der Lerche lange nach und dachte bei mir selbst: Sollte Gott diesen kleinen Vogel etwa erschaffen haben, um uns Menschen etwas zu zeigen und zu predigen? Nach Hause zurückgekehrt kam mir der Gedanke, die kleine Lerche selbst zu Wort kommen zu lassen in einem «Lerchenbrief», den ich freudig niederschrieb. Er lautete:

Liebe Schwestern und Brüder, die ihr denselben Schöpfer und Vater habt wie ich!

Ich bin nur ein kleiner Vogel. Ich bin braun und unscheinbar und wiege kaum mehr als dreißig Gramm. Ich lebe auf dem Boden von Feldern und Wiesen und ernähre mich von Unkrautsamen, Insekten und zarten Pflanzenteilen. Ich brauche nur ganz wenig zum Leben, aber ich bin zufrieden, denn mein Schöpfer hat mich wunderbar gemacht.

Meine Sehnsucht ist auf den Himmel gerichtet: Für mich gibt es nichts Schöneres, als im Morgengrauen oder in der Abenddämmerung fröhlich zwitschernd aufzusteigen in den Himmel, um mich dann in tiefer Gelassenheit wieder hinunterfallen zu lassen auf den Boden. Ich bin ein Zugvogel, das heißt, im Herbst verlasse ich eure Heimat und fliege in Richtung Mittelmeer, nach Italien oder Spanien, um dort zu überwintern. Im Frühjahr kehre ich dann zu euch zurück.

Die Gesetzmäßigkeiten unseres Vogelflugs sind so wunderbar, dass ihr Menschen sie noch gar nicht richtig erforschen konntet. Doch der Schöpfer hat sich viel dabei gedacht, als er uns erschuf und einfügte in den großen Zusammenhang seiner Schöpfung. Gewiss, wir Lerchen sind keine Ebenbilder des ewigen Gottes, so wie ihr Menschen es seid. Wir sind nur kleine Kreaturen – aber wir sind, was wir sind, und das ist gut. Darum jubiliere ich!

Doch wenn ich euch so vor mir sehe, dann denke ich: Es wäre gewiss nicht schlecht für euch, wenn Christus euch aufweckte und in seine Freude riefe. Denn ich sehe es euch an: Da ist nicht nur Jubel in euren Herzen, sondern auch Müdigkeit, Enttäuschung, Trauer und unzählige Ängste und Sorgen.

Ich glaube, ich weiß auch, woher das kommt: Ihr seid die ersten Freigelassenen der Schöpfung. Wir Vögel folgen nur unserem Instinkt, ihr aber seid zur Freiheit berufen. Ihr dürft und sollt, wie es in der Bibel heißt, euch die Erde «untertan machen» und über sie «herrschen» als Ebenbilder eures himmlischen Vaters. Das bedeutet, ihr sollt herrschen wie der Schöpfer des Himmels und der Erde, liebevoll und barmherzig und fürsorglich. Ihr sollt gute Hirten sein – für euch selbst, die Tiere, die Pflanzen und die unbelebte Natur.

Doch ihr herrscht nicht wie gute Hirten, sondern oft wie Räuber und Plünderer. Verzeiht mir dieses harte Wort, aber so kommt es mir nur allzu oft vor. Wenn ich sehe, wie ihr die Luft verpestet mit Abgasen und Lärm, wie ihr das Wasser belastet und den Boden verseucht mit giftigen Stoffen, schaudert es mich. Vor allem, wenn ich betrachte, wie ihr Menschen miteinander umgeht – oft genug rücksichtslos und gemein –, erscheint es mir wie ein Verbrechen. Dann seid ihr für mich keine Ebenbilder Gottes, voller Vernunft und Liebe, sondern Zerrbilder seiner ursprünglichen Schöpfung, voller Dummheit und Gewalt.

Liebe Brüder und Schwestern, ihr verdunkelten Ebenbilder dessen, der das Leben schuf und liebt, manchmal erfasst mich Mitleid mit euch! Zu hoch erscheint mir die Verantwortung, die euch aufgebürdet ist, zu hoch die Anforderungen, die in der heutigen Zeit an euch gestellt sind. Und ich habe Mitleid mit euch, wenn ich sehe, wie oft und wie sehr euch das Leben in dieser schönen Welt misslingt.

Darum will ich euch keine Moralpredigt halten, liebe Mitgeschöpfe, wie könnte ich das auch als unscheinbare kleine Feldlerche!? Doch immerhin: Ich kann eines tun, ich kann euch etwas zeigen. Ich kann euch lehren, wie man vom Boden hochkommt. Wie man sich aus Müdigkeit, Enttäuschung und Traurigkeit immer wieder neu erhebt in den inneren Jubel. Wisst ihr, wie ich das mache?

Ich strecke meine Flügel aus, die Flügel meiner Sehnsucht. Dann fasse ich mir ein Herz, schlage mit meinen Flügeln und fange an, Loblieder zu singen. Das zieht mich empor, auch wenn es manchmal lächerlich wirken mag auf andere. In einer steilen Spirale geht es in den Himmel hinauf und droben, hoch über dem Boden, da schmettere ich, trillere und jubiliere ich, was ich nur kann.

Doch dann kommt das Wichtigste: Ich fliege etwas hinunter, ziehe die Flügel an und lasse mich wie ein Stein herabfallen in tiefem Gottvertrauen. Ich weiß, mir kann nichts passieren, weil ich geborgen bin in der Hand Gottes. Gott hat alles berechnet, die Sturzhöhe, meine Flügel, mein Körpergewicht. Bei ihm kann ich mich fallen lassen.

Nur so werde ich frei. Nur so werde ich glücklich. Nur so bekomme ich Kraft, wieder neu aufzusteigen und zu jubilieren. Auch ihr könnt es mir gleichtun. Ihr könnt eure Herzen erheben zum Himmel, ihr dürft euch getrost fallen lassen in die Barmherzigkeit Gottes. Er trägt und hält euer Leben!

Soweit der «Lerchenbrief»! Wen wundert es, dass ich jedes Frühjahr aufs Neue Ausschau halte nach diesem kleinen Vogel, der mich einst auf eine unvergleichliche Weise belehrte, tröstete und ermahnte?

Biblische Grundlagen

Das wohl bekannteste Beispiel für christliche Naturmeditation, also das heilsame stille Betrachten von Pflanzen und Tieren, findet sich in der Bergpredigt Jesu. In Matthäus 6,25-34 fordert Jesus uns auf:

Macht euch keine Sorgen um euren Lebensunterhalt, um Nahrung und Kleidung! Bedeutet das Leben nicht mehr als Essen und Trinken, und ist der Mensch nicht wichtiger als seine Kleidung? Seht euch die Vögel an! Sie säen nichts, sie ernten nichts und sammeln auch keine Vorräte. Euer Vater im Himmel versorgt sie. Meint ihr nicht, dass ihr ihm viel wichtiger seid? Und wenn ihr euch noch so viel sorgt, könnt ihr doch euer Leben um keinen Augenblick verlängern.

Weshalb macht ihr euch so viele Sorgen um eure Kleidung? Seht euch an, wie die Lilien auf den Wiesen blühen! Sie mühen sich nicht ab und können weder spinnen noch weben. Ich sage euch, selbst König Salomo war in seiner ganzen Herrlichkeit nicht so prächtig gekleidet wie eine von ihnen. Wenn Gott sogar die Blumen so schön wachsen lässt, die heute auf der Wiese stehen, morgen aber schon verbrannt werden, wird er sich nicht erst recht um euch kümmern? Vertraut ihr Gott so wenig?

Macht euch also keine Sorgen und fragt nicht: «Werden wir genug zu essen haben? Und was werden wir trinken? Was sollen wir anziehen?» Nur Menschen, die Gott nicht kennen, lassen sich von solchen Dingen bestimmen. Euer Vater im Himmel weiß doch genau, dass ihr dies alles braucht. Setzt euch zuerst für Gottes Reich ein und dafür, dass sein Wille geschieht. Dann wird er euch mit allem anderen versorgen. Deshalb sorgt euch nicht um morgen – der nächste Tag wird für sich selber sorgen! Es ist doch genug, wenn jeder Tag seine eigenen Schwierigkeiten mit sich bringt.

Man muss es wohl nicht extra betonen: Dieses Wort aus der Bergpredigt Jesu ist kein Aufruf zum süßen Nichtstun. Es will uns nicht raten, in den Tag hineinzuleben und die Dinge treiben zu lassen, wie sie gerade kommen. Dass die Vögel keine Vorräte sammeln und die Lilien sich für ihre Schönheit nicht abmühen müssen, soll nicht heißen, dass wir Menschen ebenfalls aufhören sollen, zu arbeiten und uns anzustrengen.

Der predigende Vogel und die vorbildliche Lilie wollen nicht das Arbeiten, Streben und Planen überhaupt verbieten. Sie wollen etwas *am* Arbeiten und etwas *am* Streben und Planen korrigieren. Sie wollen die unnötige Sorge, die wir uns selber machen, aus unserem alltäglichen Tun herausfiltern.

In diesem Sinne sagt Jesus: «Sorgt euch nicht!» Das heißt: Lasst euch nicht krank machen von den vielen bangen Gedanken und Ängsten um euer Leben! Kümmert euch lieber um eure seelische Gesundheit! Stärkt eure geistliche Immunabwehr, damit ihr nicht infiziert werdet vom Virus der Sorge, der sich so schnell vermehren kann!

Geistlicher Vitaminkick

Der eindringliche Verweis Jesu auf die Lilien, die so herrlich auf der Wiese blühen, und auf die Vögel, die von ihrem himmlischen Vater versorgt werden, enthält vier wichtige Heilmittel. Man könnte sagen, es sind vier «geistliche Vitamine», die uns schützen vor dem Virus der unseligen Sorge um uns selbst:

1. Achtsamkeit

Da ist zunächst das kleine *Vitamin A*. Es ist das Vitamin der Achtsamkeit, der Achtsamkeit für das Hier und Jetzt.

Die Botschaft dazu lautet: «Deshalb sorgt euch nicht um morgen – der nächste Tag wird für sich selber sorgen! Es ist doch genug, wenn jeder Tag seine eigenen Schwierigkeiten mit sich bringt» (Vers 34).

Diese geistliche Vitamintablette der Achtsamkeit ist täglich einzunehmen. Sie reicht für genau einen Tag. Jesus sagt: «Jeder Tag hat seine eigene Plage.» Das bedeutet: Es reicht, wenn uns die gegenwärtigen Sorgen beschäftigen – und nicht auch noch die zukünftigen, die Sorgen, die wir noch gar nicht kennen, sondern nur ahnen.

Gegen Sorgen können wir uns nicht abschotten. Wohl aber können wir unser Kreisen um die zukünftigen Sorgen aufgeben, denn dieses vergiftet das Leben. Wir sollen uns konzentrieren auf den heutigen Tag, auf das Hier und Jetzt.

Das Vitamin A ist gut für die Augen. Es hilft uns, achtsam hinzusehen auf die Gegenwart. Es hilft uns, unsere Sorgen heilsam zu begrenzen. Wem das gelingt, der bleibt innerlich frei für die Zukunft. Er bleibt Tag für Tag geistlich empfänglich und wach.

2. Besonnenheit

Das zweite Vitamin ist das *Vitamin B*. Es ist das Vitamin der Besonnenheit.

Die Botschaft dazu heißt: Bedenke die Endlichkeit deines Lebens. Schau auf die Grashalme am Wegesrand, schau lange und aufmerksam hin: Sind es nicht kleine, hochfeine Meisterwerke im großen Wunder der Schöpfung? Oder die zarten Lilien: Hat Jesus nicht recht, wenn er sagt, dass selbst Salomo in seiner Pracht nicht herrlicher gekleidet war als sie?

Schau auf die Blumen, «die heute auf der Wiese stehen, morgen aber schon verbrannt werden» (Vers 30). Bedenke ausgehend davon die Grenzen deines eigenen Lebens. Bedenke, dass dein Leben letztlich nicht in deiner Hand ruht.

Jesus sagt: «Und wenn ihr euch noch so viel sorgt, könnt ihr doch euer Leben um keinen Augenblick verlängern» (Vers 27). Das heißt: Das Wesentliche im Leben ist sowieso nicht durch Sorgen und Planen zu erreichen. Es ist ein unverdientes Geschenk. Es ist reine Gnade.

Das ist also der zweite Ratschlag Jesu, das zweite Vitamin gegen den Sorgenvirus: Bedenke, dass du deinem Leben nicht eine Stunde hinzufügen kannst. Das Vitamin B schützt vor geistlicher Migräne. Es schützt vor unnötigem Kopfzerbrechen und vor gefährlicher Selbstüberschätzung.

3. Dankbarkeit

Das dritte geistliche Vitamin ist das *Vitamin D*, das Vitamin der Dankbarkeit.

Jesus sagt sinngemäß: Sei dankbar, dass du ein kleiner Teil der wunderbaren Schöpfung Gottes bist. Sei dankbar für dein Leben, für deine einzigartige Existenz, für dein Geschaffensein. Sei dankbar, dass du genauso wie die Blumen auf der Wiese und die Vögel am Himmel im wahrsten Sinne des Wortes ein «wunder-bares» Geschöpf des Höchsten bist!

Jesus lenkt unseren Blick über uns selbst hinaus auf die Natur, auf die Schöpfung, in die wir eingebettet sind. Er sagt: «Seht euch die Vögel an! ... Seht euch an, wie die Lilien auf den Wiesen blühen!» (Vers 26.28).

Die Vögel bauen keine Scheunen und sammeln keine Vorräte. Sie leben und fliegen in vollkommener Gegenwart – zur Ehre ihres Schöpfers. Die Lilien auf der Wiese, die Kornblumen am Wegesrand, sie preisen Gott nicht mit ihrem Tun, sondern mit ihrem reinen Sein. Sie blühen zur Ehre Gottes!

Wenn wir sie in Ruhe betrachten, wird unser Herz frei von unnötigen Sorgen. Es wird angeregt, das Vitamin D, das Vitamin der Dankbarkeit, zu bilden, das uns vor geistlichem Knochenschwund schützt.

4. Entschlossenheit

Und schließlich das wichtigste Vitamin. Es ist das *Vitamin E*, das Vitamin der Entschlossenheit und der Entschiedenheit, Gott von ganzem Herzen zu vertrauen.

Jesus sagt: «Setzt euch zuerst für Gottes Reich ein und dafür, dass sein Wille geschieht. Dann wird er euch mit allem anderen versorgen» (Vers 33).

Was ist damit gemeint? Es bedeutet, immer wieder ins Zentrum des Lebens zurückzustreben – zu Gott, unserem Schöpfer. Es bedeutet, nach *seinem* Willen zu fragen, sich in *ihm* zu verankern. Dann ordnen sich alle anderen Dinge des Lebens um diesen Mittelpunkt herum.

Erforderlich ist aber der klare Wille, sich ganz und gar der Barmherzigkeit Gottes anzuvertrauen, ohne Sorge und Angst um die eigene Zukunft. Es braucht das tiefe Vertrauen auf den himmlischen Vater und seine Versorgung.

Wer dies beherzigt, der kann in der Naturmeditation, im stillen Betrachten der Schöpfung, unnötige Sorgen abschütteln und neue Daseinsfreude gewinnen.

Das Vitamin E, das Vitamin der Entschlossenheit, sein ganzes Leben Gott anzuvertrauen, ist unentbehrlich. Es schützt uns am allerbesten vor dem Sorgenvirus, mit dem wir uns nur allzu leicht infizieren.

- *Achtsamkeit* für das Hier und Jetzt und Heute,
- *Besonnenheit* im Blick auf die Grenzen des eigenen Lebens,
- *Dankbarkeit* für das Wunder des reinen Daseins als Schöpfungswerk Gottes,
- *Entschlossenheit*, sich Gott und seiner Fürsorge ganz und gar anzuvertrauen

– diese vier Heilmittel schützen uns davor, dass uns die Sorgen und Ängste des Lebens krank machen.

Martin Luther hat einmal gesagt: «Dass die Vögel der Sorge und des Kummers über deinem Haupt fliegen, kannst du nicht ändern. Aber dass sie Nester in deinem Haar bauen, das kannst du verhindern.»[1]

Du kannst es verhindern, indem du energisch den Kopf schüttelst und sagst: «Ich will mich nicht unnötig sorgen und grämen, ich will von Herzen vertrauen auf die Güte und Barmherzigkeit Gottes. Er sorgt für mich.»

Mit dem Auge des Herzens sehen

Eine weitere biblische Grundlage für das Geheimnis der Schöpfungsmeditation finden wir im Epheserbrief. Dort heißt es:

> *Ich gedenke euer in meinem Gebet, dass der Gott unseres Herrn Jesus Christus, der Vater der Herrlichkeit, euch gebe den Geist der Weisheit und der Offenbarung, ihn zu erkennen.*
>
> *Und er gebe euch* ***erleuchtete Augen des Herzens****, damit ihr erkennt, zu welcher Hoffnung ihr von ihm berufen seid, wie reich die Herrlichkeit seines Erbes für die Heiligen ist und wie überschwänglich groß seine Kraft an uns ist, die wir glauben …*
>
> EPHESER 1,16-19 (LUT)

Der Kirchenvater Augustinus hat einmal gesagt: «Unsere Aufgabe in diesem Leben ist nichts anderes, als das Auge des Herzens zu heilen, mit dem Gott gesehen wird.»[2]

Ähnlich hat der französische Schriftsteller Antoine de Saint-Exupéry in seinem Büchlein über den kleinen Prinzen die bekannten Worte geschrieben: «Man sieht nur mit dem Herzen gut; das Wesentliche ist für die Augen unsichtbar.»[3]

Doch wie geht das? Wie können wir mit dem Herzen das Wesentliche erfassen? Wie kann das Wahrnehmungsvermögen des Herzens geheilt werden, um Gott zu erkennen? Und was ist das überhaupt, das «Auge des Herzens»?

Hinter diesem Begriff verbirgt sich eine Lehre, die im alten Griechenland, in der Weisheit Asiens, aber auch – wie wir im Epheserbrief sehen – im Neuen Testament anzutreffen ist: die Lehre vom dreifachen Auge des Menschen. Sie besagt, dass der Mensch drei verschiedene Arten des Erkenntnisvermögens hat:

- das Auge des Leibes,
- das Auge des Verstandes
- und das Auge des Herzens.

Ich möchte durch ein Beispiel verdeutlichen, was damit gemeint ist:

Stell dir vor, du gehst an einem ruhigen Tag zu Beginn des neuen Jahres durch den verschneiten und sonnendurchleuchteten Winterwald. Du kannst diesen Wald mit den leiblichen Augen wahrnehmen. Du siehst das filigrane Geäst der Bäume, den weißen Schnee, die glitzernden Eiskristalle auf den Tannennadeln, den durchscheinenden blauen Himmel, die ganze sichtbare Schönheit des Waldes an einem klaren, sonnigen Wintertag.

Du kannst den Winterwald aber auch mit dem Auge des Verstandes anschauen. Ein Förster etwa wird den Wald aus der Perspektive seiner geschulten Fachkenntnis betrachten. Er sieht die

Spuren im Schnee und kann daraus wichtige Schlüsse über den Wildbestand ziehen. Er bemerkt an einigen Bäumen sogenannte «Angsttriebe», die darauf hindeuten, dass diese Bäume krank sind. Er kann das Holzvolumen der Eichen und Buchen abschätzen, die vor ihm stehen. Er weiß ungefähr, welchen Erlös er erzielen könnte, wenn er diese Bäume zum Schlagen und Verkaufen freigäbe. Er sieht den Winterwald mit dem Auge des Verstandes. Er hat einen analytischen Blick auf den Wald.

Du kannst aber auch in den Winterwald gehen und beim Schauen und Gehen – und noch mehr beim Stillstehen – mit dem Auge des Herzens erkennen: Dieser herrliche Winterwald ist genauso wie ich ein Teil von Gottes wunderbarer Schöpfung. Ich selbst, der Schnee unter mir, der Wald um mich herum, der Himmel über mir, das alles gehört hinein in den einen großen Raum der Schöpfung Gottes, in dem das göttliche Licht sich auf wunderbare Weise bricht und mein Herz erfüllt. Ich sehe den Winterwald mit dem Auge des Herzens.

Mit dem Auge des Leibes erfassen wir also die Farben und Konturen der Welt, mit dem Auge des Verstandes beobachten und analysieren wir die Strukturen der Welt, und mit dem Auge des Herzens sehen wir das Wesentliche, erkennen wir Gott in allen Dingen.

***

Genau damit haben wir aber oft große Schwierigkeiten. Das Auge des Herzens ist häufig kurzsichtig oder getrübt. Es schielt in die falsche Richtung und ist manchmal sogar blind. Kurzum: Es ist krank. Es bedarf der Heilung. Wir müssen darum bitten, dass es in uns und in anderen wiederhergestellt und geschärft wird.

Dies tut Paulus in seinem Brief an die Gemeinde in Ephesus, wenn er schreibt: «Er gebe euch erleuchtete Augen des Herzens!» (Vers 18; LUT). Der Apostel bittet also darum, dass das Wahrnehmungsvermögen der Epheser durch den Geist der Weisheit und der Offenbarung erneuert wird. Nur so können sie und wir erfassen, worum es im Glauben wirklich geht.

Im Blick auf die Person Jesu Christi wird das ganz deutlich: Wenn ich mit dem Auge des Verstandes zurückblicke auf den historischen Jesus, dann sehe ich bloß einen merkwürdigen jüdischen Wanderprediger aus Galiläa, der am Ende gescheitert ist und gekreuzigt wurde – mehr nicht.

Wenn ich aber mit dem Auge des Herzens auf Jesus schaue, dann geht es mir wie mit dem Winterwald: Ich sehe die Gegenwart Gottes in ihm. Ich erkenne, dass sich in diesem einen Menschen der lebendige Gott vollständig offenbart hat.

In ihm hat Gott geredet und gehandelt, in ihm hat Gott unter uns gelebt und gelitten. In seinem Tod am Kreuz hat Gott die ganze Welt mit sich selbst versöhnt. Nur mit dem Auge des Herzens sehe ich den für mich gekreuzigten und auferstandenen Christus.

Darum müssen wir immer wieder um die Erleuchtung unseres Herzens bitten und können dies in der Naturbetrachtung täglich üben.

Schätze aus der christlichen Tradition

Am Ende des dritten Jahrhunderts zogen die ersten christlichen Mönche in die ägyptische Wüste. Sie wollten dort in der Stille fasten, beten, meditieren und sich ausschließlich der Gottsuche widmen. Sie hatten Sehnsucht nach einem kontemplativen

Leben, das nicht von weltlichen Verlockungen, sondern vom Geist Jesu gelenkt sein sollte. Sie suchten die Einsamkeit, Kargheit, Weite und Schönheit der Wüste, um das Herz zu reinigen und zu läutern.

Nach einer längeren Zeit, in der sie viele innere Kämpfe und äußere Widrigkeiten zu überwinden hatten, waren sie innerlich verwandelt. In der Folge gingen Menschen zu diesen sogenannten «Wüstenvätern» und «Wüstenmüttern» hinaus, um bei ihnen seelsorgerlichen Rat und konkrete Lebenshilfe zu erlangen.

Von diesen Begegnungen gibt es viele Berichte, die über die Jahrhunderte hinweg gesammelt und überliefert wurden. In der Geschichte der christlichen Klöster und Orden haben die Aussprüche der Wüstenväter und -mütter immer eine inspirierende Rolle gespielt. Ein schönes Beispiel hierfür lautet:

Einer kam zu einem Altvater und sprach zu ihm:
«Gib mir ein Wort, dass ich gerettet werde!»
Der Altvater sprach: «Werde ganz Auge!»[4]

«Ganz Auge zu werden» umschreibt in treffender Weise den Übungsweg der Naturmeditation. Es ist eben diese stille Betrachtung der Natur, die bewusste Anschauung der Schöpfungswerke Gottes, die dazu beiträgt, den Sorgengeist aus dem Herzen zu vertreiben und sich ganz der Güte Gottes anzuvertrauen.

Der Sonnengesang des Franziskus

Eine bis heute leuchtende Form der christlichen Naturmeditation finden wir zudem im *Sonnengesang* des Franziskus von Assisi (1181-1226), dem Begründer des Franziskanerordens.

Dieser Hymnus, den Franziskus zwei Jahre vor seinem frühen Tod verfasste, ist ein Lobpreis auf den Schöpfer des Universums. Er ist gleichermaßen Gebet und Gedicht und lebt aus der Anschauung und tiefen Verbundenheit mit allem, was den Menschen umgibt.

Franziskus besingt darin Gott und tut dies gemeinsam mit den anderen Geschöpfen, die er als seine Geschwister betrachtet. Sonne, Mond und Sterne, das Wasser und Feuer, den Wind und die Erde, ja sogar den Tod spricht er mit «Schwester» oder «Bruder» an.

Wer den Sonnengesang betet, spürt unmittelbar, wie die Natur, *in* der und *von* der wir leben, transparent wird für die Herrlichkeit Gottes. Die ersten sieben Strophen lauten:

Höchster, allmächtiger, guter Herr,
dein sind das Lob, die Herrlichkeit und Ehre
und jeglicher Segen.
Dir allein, Höchster, gebühren sie,
und kein Mensch ist würdig, dich zu nennen.

Gelobt seist du, mein Herr,
mit allen deinen Geschöpfen,
zumal dem Herrn Bruder Sonne,
welcher der Tag ist und durch den du uns leuchtest.
Und schön ist er und strahlend mit großem Glanz:
von dir, Höchster, ein Sinnbild.

Gelobt seist du, mein Herr,
durch Schwester Mond und die Sterne;
am Himmel hast du sie gebildet,
klar und kostbar und schön.

Gelobt seist du, mein Herr,
durch Bruder Wind und durch Luft und Wolken
und heiteres und jegliches Wetter,
durch das du deinen Geschöpfen Unterhalt gibst.

Gelobt seist du, mein Herr,
durch Schwester Wasser,
gar nützlich ist es
und demütig und kostbar und keusch.

Gelobt seist du, mein Herr,
durch Bruder Feuer,
durch das du die Nacht erleuchtest;
und schön ist es und fröhlich und kraftvoll und stark.

Gelobt seist du, mein Herr,
durch unsere Schwester, Mutter Erde,
die uns erhält und lenkt
und vielfältige Früchte hervorbringt
und bunte Blumen und Kräuter.[5]

Jenseits von schlichter Naturromantik werden wir in diesem Schöpfungshymnus hineingenommen in eine große geschwisterliche Verbundenheit zwischen all den Kreaturen, die sich der Schöpfungsgnade Gottes verdanken und diese Gnade einmütig loben und preisen.

Selbstvergessene Schönheit

Ein ebenfalls besonders eindrückliches Dokument christlicher Naturmeditation im Sinne der Bergpredigt und der erwähnten Ausführungen im Epheserbrief finden wir in der christlichen Mystik. So schreibt der schlesische Liederdichter Johannes Scheffler, genannt «Angelus Silesius» (1624-1677), in seiner Spruchsammlung «Der Cherubinische Wandersmann» angesichts einer Rose, über die er lange meditiert hat:

Die Ros' ist ohn Warum.
Sie blühet, weil sie blühet.
Sie acht't nicht ihrer selbst,
fragt nicht, ob man sie siehet.[6]

In diesem Vers wird die Versklavung des menschlichen Verhaltens durch Zwecke, Ziele und Pläne sowie durch das Streben nach Ehre und Anerkennung radikal durchbrochen.

An der prachtvollen Rose wird es offenkundig: Die Rose blüht, weil sie blüht. In selbstvergessener Schönheit ist sie einfach das, was sie ist.

Sie kennt keinen Zweck. Sie ist nicht abhängig von der Meinung und der Anerkennung anderer. Sie vergleicht sich nicht mit ihren Mitgeschöpfen. Sie ist ohne Warum.

Geh aus, mein Herz, und suche Freud ...

Darüber hinaus sind die Zeugnisse christlicher Naturmeditation zu erwähnen, die sich in unseren Gesangbüchern finden, meist unter der Überschrift «Natur und Jahreszeiten». Man denke etwa an das in der evangelischen Tradition bis heute so gern gesungene Lied, das Paul Gerhardt nach den Schrecken des Dreißigjährigen Krieges im Jahr 1653 gedichtet hat:

Geh aus, mein Herz, und suche Freud
in dieser lieben Sommerzeit an deines Gottes Gaben;
schau an der schönen Gärten Zier
und siehe, wie sie mir und dir sich ausgeschmücket haben.

Die Bäume stehen voller Laub,
das Erdreich decket seinen Staub mit einem grünen Kleide;
Narzissus und die Tulipan,
die ziehen sich viel schöner an als Salomonis Seide.

Die Lerche schwingt sich in die Luft,
das Täublein fliegt aus seiner Kluft
und macht sich in die Wälder;
die hochbegabte Nachtigall
ergötzt und füllt mit ihrem Schall
Berg, Hügel, Tal und Felder. […]

Ich selber kann und mag nicht ruhn,
des großen Gottes großes Tun erweckt mir alle Sinnen;
ich singe mit, wenn alles singt,
und lasse, was dem Höchsten klingt,
aus meinem Herzen rinnen.[7]

Was wir hier lesen, ist eine frühsommerliche Garten- und Naturmeditation, die mit wachem Auge die Schöpfungswerke Gottes betrachtet und sich durch sie hindurch dem göttlichen Ursprung und Ziel der Welt zuwendet.

Der Dichter ist beschwingt, beflügelt, inspiriert durch das, was er mit allen Sinnen wahrnimmt. Er kann nicht anders, als im Lobpreis und im Gebet darauf zu antworten. Und so fassen die insgesamt 15 Strophen mit großer poetischer Kraft und Schönheit zusammen, was ihn bewegt.

Sozusagen grundlos vergnügt

Aus der jüngeren Geschichte sei noch ein kleines Gedicht der jüdischen Dichterin Mascha Kaléko zitiert, das aus einer frohen meditativen Betrachtung des Hier und Jetzt in der Natur erwachsen ist:

Ich freu mich, dass am Himmel Wolken ziehen
Und dass es regnet, hagelt, friert und schneit.
Ich freu mich auch zur grünen Jahreszeit,
Wenn Heckenrosen und Holunder blühen.
– Dass Amseln flöten und dass Immen summen,
Dass Mücken stechen und dass Brummer brummen.
Dass rote Luftballons ins Blaue steigen.
Dass Spatzen schwatzen. Und dass Fische schweigen.

Ich freu mich, dass der Mond am Himmel steht
Und dass die Sonne täglich neu aufgeht.
Dass Herbst dem Sommer folgt und Lenz dem Winter,
Gefällt mir wohl. Da steckt ein Sinn dahinter,
Wenn auch die Neunmalklugen ihn nicht sehn.
Man kann nicht alles mit dem Kopf verstehn!
Ich freue mich. Das ist des Lebens Sinn.
Ich freue mich vor allem, dass ich bin.

In mir ist alles aufgeräumt und heiter:
Die Diele blitzt. Das Feuer ist geschürt.
An solchem Tag erklettert man die Leiter,
Die von der Erde in den Himmel führt.
Da kann der Mensch, wie es ihm vorgeschrieben,
– Weil er sich selber liebt – den Nächsten lieben.
Ich freue mich, dass ich mich an das Schöne
Und an das Wunder niemals ganz gewöhne.
Dass alles so erstaunlich bleibt, und neu!
Ich freu mich, dass ich ... Dass ich mich freu.[8]

Heilsame Erfahrungen

Wie wir gesehen haben, ist die Naturmeditation ein vielfach erprobtes Heilmittel gegen Stress, innere Unruhe, Sorgen, das Kreisen um sich selbst und die Verspannung von Leib, Seele und Geist. Die Aufforderung Jesu, die Blumen am Wegesrand und die Vögel am Himmel zu betrachten, führt in eine tiefgehende Befreiung, die bereits im Wunderwerk der Schöpfung angelegt ist.

In jüngster Zeit wurde das von anderen Kulturen und Traditionen her wiederentdeckt. So gibt es in der japanischen Heilkunde die Therapieform des «Waldbadens». Sie besteht darin, sehr langsam, achtsam und absichtslos einige Stunden durch den Wald zu spazieren, um seine einzigartige Atmosphäre aufzusaugen. Es geht darum, die Sträucher, Bäume, Moose und Wurzeln mit allen Sinnen wahrzunehmen und die würzige Luft des Waldes intensiv ein- und auszuatmen. Wissenschaftliche Untersuchungen haben ergeben, dass Waldbaden die Stresshormone senkt, die Immunabwehr stärkt, die Laune hebt und für ein inneres Gleichgewicht sorgt. Es dient wie jede echte Naturmeditation nachweislich der seelischen Gesundheit.

Dabei ist allerdings zu bedenken: Die Natur allein enthält niemals eine eindeutige Offenbarung der Freundlichkeit Gottes uns gegenüber. Sie ist und bleibt immer zweideutig. Es gibt ja nicht nur herrliche und wunderbare Sonnentage, sondern auch graue, verregnete, garstige Tage, an denen selbst die Blumen auf der Wiese ihre Köpfe hängen lassen und die Vögel des Himmels sich in ihr notdürftiges Versteck zurückziehen. Die Natur ist – aufs Ganze gesehen – immer herrlich und schrecklich zugleich. Aus ihr allein kann ich keinen Glauben und keine Hoffnung gewinnen, die mich durchs Leben tragen.

Aber zur rechten Zeit, am rechten Ort kann ich durch die reine und absichtslose Betrachtung des Lebens um mich herum innerlich genesen. Entscheidend ist das Bewusstsein, dass die Quelle meiner Hoffnung und Freude in Gott liegt. *Christus* ist es, der in mir lebt und wirkt!

***

Christliche Mystikerinnen und Mystiker haben durch viele Jahrhunderte hindurch von dieser Erfahrung berichtet:

Von Gerhard Tersteegen, dessen geistliche Lieder von einer tiefen Jesusliebe künden, ist bekannt, dass er nach einem langen Tag der geistigen Arbeit und der Seelsorge an bedürftigen Menschen immer gern allein in die Natur gegangen ist. In den stillen Wäldern, Wiesen und Feldern seiner niederrheinischen Heimat konnte er neue geistliche Kräfte tanken.

Von Franz von Sales, einem bedeutenden französischen Mystiker und Seelsorger aus der Zeit der Gegenreformation, wird überliefert, dass er sich im Winter regelmäßig in eine einsame

Berghütte zurückzog, weil, wie er in einem Brief schreibt, «mir hier oben die Gedanken so dicht und fein kommen wie der Schnee, der hier im Winter fällt».[9]

Ein großer Lehrer der christlichen Meditation und Kontemplation unserer Tage, Franz Jalics, schildert, wie er in der düsteren und bedrückenden Zeit kurz nach dem Zweiten Weltkrieg in der Natur wieder zu sich selbst und zu seiner priesterlichen Berufung fand:

> *Nach einer Weile wurde ich des Redens müde und ging täglich stundenlang spazieren … Die Natur tat mir sehr gut. Ich fühlte mich durch sie gereinigt. Ich fand viel Stille in ihr und kam immer erholt zurück. Ich schaute oft zum Himmel auf und betete ganz spontan. In der Natur, auf den Wiesen und in den Wäldern, im Licht der Sterne und in der Kraft der Sonne spürte ich die Allgegenwart Jesu Christi, in dem alles geschaffen ist. Ich war gerne in der Natur, merkte aber nicht, wie sehr sie mich innerlich umwandelte. Nach diesem Jahr … war ein kontemplatives Fundament in mir gewachsen. Ich spürte es als innere Gelassenheit und Klarheit.*[10]

Auf Grundlage dieser Erfahrung hat Jalics allen, die zu ihm kamen, um geistliche Exerzitien zu erlernen, immer geraten, zunächst einmal lange Zeit draußen unter freiem Himmel spazieren zu gehen.

Übung

Für die Naturmeditation braucht es eigentlich nur zwei Dinge: Einen ruhigen Ort in der Natur und ein wenig Zeit. Zur Einstimmung kannst du den folgenden Text lesen oder dir vorlesen lassen (s. S. 21):

Nimm dir Zeit
und gehe aus deiner gewohnten Umgebung
hinaus in die Natur.
Verlangsame nach einiger Zeit deine Schritte
und erlebe bewusst, wie deine Füße den Boden berühren.
Achte auf deinen Atem
und atme zunehmend tiefer ein und aus.
Lass deinen Blick schweifen,
rings um dich herum,
nach unten zum Erdboden,
nach oben zum Himmel und zu den Wolken,
absichtslos und offen für alles, was sich zeigt.
Lausche auf Geräusche und Klänge,
die du gewöhnlich nicht beachtest.
Rieche den Regen auf der staubigen Straße,
den Geruch des Waldes,
das frisch gemähte Gras und die Blumen.
Spüre den Wind auf deiner Haut.

Wenn dein Auge etwas gefunden hat,
was dich anspricht oder erfreut,
dann tritt näher heran
und verweile einige Minuten in andächtiger Stille,
stehend oder sitzend.

Lass zu, dass das, was sich dir von der Quelle des Lichtes
und des Lebens her offenbart,
in dein Gedächtnis und in dein Herz einprägt.
Sprich einen kurzen Lobpreis oder ein Dankgebet
und nimm als kostbaren Schatz mit,
was du empfangen durftest
im An-schauen und Durch-schauen
und Erfahren der immerwährenden Schöpfung.

KAPITEL 2

Wort Gottes beherzigen

Wortmeditation

Wie glücklich ist ein Mensch,
der Freude findet an den Weisungen des HERRN,
der Tag und Nacht … darüber nachdenkt.
Psalm 1,2 (GNB)

Im stillen, langsamen Lesen der Bibel,
in der murmelnden Wiederholung und Verkostung dessen,
was da geschrieben steht,
im Nachsinnen über die göttliche Weisung,
im völlig offenen, unvoreingenommenen Hören auf das,
was Gott mir durch sein Wort hier und heute sagen will –

sei es als Widerspruch gegen meine schlechten Gewohnheiten,
sei es als Zuspruch für mein verzagtes Herz,
sei es als Anspruch an mein Planen und Handeln,
sei es als Verheißung über mein ganzes Leben –,

im Meditieren der Heiligen Schrift
wird das Lesen der Bibel zu einem Beten der Bibel.

Ich nehme mir zu Herzen,
was Gott mir hier und heute sagt,
ich bejahe und «beherzige» sein Wort.
So finde ich in der Stille Kraft und Trost,
Wegweisung und neue Perspektiven,
Erleichterung, Ermutigung und Zuversicht.

Wie glücklich ist ein Mensch,
der Freude findet an den Weisungen des HERRN,
der Tag und Nacht ... darüber nachdenkt.
Psalm 1,2 (GNB)

Es gibt Bibelworte, über die ich seit Jahrzehnten nachdenke, weil sie mir an wichtigen Wendepunkten meines Lebens zugesprochen wurden.

Ich bin überzeugt, dass sie eine heilsame Kraft für mein ganzes Leben enthalten. Ihr Sinn hat sich mir jedoch nicht von Anfang an erschlossen. Ich musste lernen, in demütiger und innerlich offener Weise auf sie zu hören.

Entscheidend war, diese Bibelworte wirklich zu «beherzigen» und sozusagen «Tag und Nacht» darüber nachzusinnen. Auf diese Weise konnte ich ihre Botschaft für mich und mein Leben immer klarer verstehen.

Ich rede von meinem Taufspruch, meinem Konfirmationsspruch und meinem Trauspruch.

Worte fürs Leben

Mein Taufspruch stammt aus dem Johannesevangelium und lautet: «Christus spricht: Ich lebe, und ihr sollt auch leben!» (Johannes 14,19; LUT).

An einem Ostermontag, ich war gerade mal drei Wochen alt, wurde mir dieser göttliche Zuspruch in die Wiege gelegt. Und oft, wenn es eng wurde in meinem Leben, habe ich mich daran erinnert, dass der Auferstandene mir gegenübersteht und mir die Zusage gibt, die kraft meines Getauftseins gültig ist: «Ich lebe und ihr sollt auch leben! Ich lebe und *du* sollst auch leben!»

Diese Verheißung Christi hat mich immer wieder ermutigt, mir Kraft und Hoffnung gegeben, gerade in Stunden großer Not und lebensbedrohlicher Krankheit. Es geschah aber nur dann, wenn ich in der Stille auf sie hörte. Dann konnte das Samenkorn des Evangeliums in meinem Herzen auf einen fruchtbaren Boden fallen. Dann konnte neue Zuversicht wachsen und Jesu Zusage an mir in Erfüllung gehen.

Ich war und bin unendlich dankbar für diese Erfahrung!

***

Ähnliches habe ich mit meinem Konfirmationsspruch erlebt. Der Pfarrer, der mich konfirmierte, hat ihn für mich ausgesucht. Warum er gerade diesen Spruch wählte, weiß ich nicht.

Er stammt aus 1. Mose 17,1 und lautet in der Übersetzung von Martin Luther: «Ich bin der allmächtige Gott; wandle vor mir und sei fromm!»

Der Spruch hat mir damals mit 14 Jahren noch nichts gesagt. Doch als ich im Studium Hebräisch lernte und den Vers im Urtext las, fand ich ihn auf einmal interessant. Wörtlich übersetzt heißt er nämlich: «Ich bin Gott, der Gewaltige, gehe deinen Weg vor meinem Angesicht und sei ganz, sei vollkommen!»

Erst viel später habe ich diesen Zuspruch Gottes an mich – beim inneren Hören und meditativen Nachsinnen über ihn – in seiner wahren Bedeutung verstanden. Seine Botschaft ist für mich bis heute etwas sehr Tröstliches. Sie lautet:

Obwohl ich als Mensch alles andere als «ganz» und vollkommen bin, obwohl mein Leben in vielerlei Hinsicht ein

Fragment ist und es bis zu meinem Tod bleiben wird, so ist es doch zusammengenommen mit der Gnade Gottes etwas «Rundes» und «Ganzes» und Vollkommenes.

Wenn Gott mich schwachen Menschen liebt, dann bin ich ein ganz und gar geliebter Mensch. Wenn Gott mich anschaut, dann schaut er, der Gewaltige, mich mit seinem vollkommenen Blick an.

Er sieht mich so, wie ich von ihm gemeint bin. Da gibt es keinen Makel mehr. Gott sieht mich in der Vollkommenheit, in der ich von ihm erdacht bin und zu der ich durch Christus erlöst werden soll.

Diese Wahrheit, die in dem unscheinbaren Vers aus dem 1. Buch Mose verborgen liegt, hat mich schon oft in meinem Leben getröstet. Gerade dann, wenn ich das Gefühl hatte, versagt zu haben und gescheitert zu sein, konnte ich mir meinen Konfirmationsspruch vor Augen halten. Und auch wenn ich wusste, dass ich schuldig geworden war, wenn ich mich deshalb selbst verurteilte und schämte, dann hat mich eben jener Vers in der Tiefe erreicht und wieder aufgerichtet.

***

Es gibt noch ein drittes Bibelwort, das mich auf wunderbare Weise durch mein Leben begleitet hat: Es ist mein Trauspruch.

Als meine Frau Janny und ich im Jahr 1985 kirchlich heirateten, da haben wir beide uns als Trauspruch einen Vers aus den Abschiedsreden Jesu ausgesucht. Er steht im Johannesevangelium und lautet: «Christus spricht: Bleibt in meiner Liebe!» (Johannes 15,9).

Man kann es sich leicht ausmalen: In jahrzehntelanger Ehe, da erlebt man viel Schönes und Beglückendes miteinander, aber natürlich auch Schweres und Schwieriges. Da gibt es auch mal Spannungen, Streit, Krisen und Konflikte. Aber in all den Jahren haben wir – was gar nicht so leicht ist! – immer wieder beherzigt, wozu unser Trauspruch aufruft:

Wir sind stets zurückgegangen zu Jesus, zurück zur Quelle der Versöhnung, aus der wir leben. Wir haben uns gerade auch in schweren Zeiten an das erinnert, was Christus gesagt hat: «Bleibt in meiner Liebe!»

Dieser wunderbare Zuspruch hat uns durch alle Höhen und Tiefen unserer Ehe getragen. Er konnte bei uns zum Ziel kommen, weil wir mit dem Herzen auf ihn gehört und ihn viele Male innerlich bewegt haben: Das ist Wortmeditation im ursprünglichen Sinn des Wortes!

Unser Trauspruch hat uns mittlerweile so durchdrungen, dass Janny und ich beschlossen haben, ihn – auch als Vermächtnis an unsere Familie – auf dem Bronzekreuz unseres Grabes eingravieren zu lassen.

***

Auch als Prediger habe ich die Erfahrung gemacht, dass ich nur dann die Herzen der Zuhörenden berühren konnte, wenn ich den Predigttext zuvor nicht zweckgerichtet und sozusagen «verbrauchend» studiert hatte, sondern mich ganz persönlich in einer geistlichen Form der Schriftlesung davon ansprechen ließ.

Die Bibel ist ja die «Ur-Kunde» des Glaubens. Sie erzählt von der Geschichte Gottes mit seinem Volk Israel, von Jesus Christus und von den ersten christlichen Gemeinden. Sie kündet von Schöpfung, Versöhnung und Erlösung der Welt durch Gottes Gnade. Sie ist geschrieben, um Glauben zu wecken und ihn zu stärken. In ihr haben Menschen – mithilfe des Heiligen Geistes – bezeugt, welche Erfahrungen sie mit Gott machten, wie er zu ihnen redete und was sie von ihm weitergeben wollten. Sie enthält Geschichten und Gebete, Reden und Gleichnisse, Briefe und Lehrtexte, Gebote und Verheißungen.

Die Bibel ist ein historisches Dokument, aber sie ist mehr als das: Gott redet auch noch heute durch sie. In der Kraft des Heiligen Geistes gebraucht Gott diese Worte so, dass sie mächtig aufklingen, aufleuchten, lebendig werden und in unser Leben hineinsprechen. Gottes «An-Spruch» rüttelt uns wach, ermahnt und tröstet, richtet und befreit. Ich habe es selbst hundertfach auf heilsame Weise erlebt – in meinem Dienst und in meinem persönlichen Leben.

Biblische Grundlagen

Was biblische Wortmeditation ursprünglich bedeutet, wird wohl am deutlichsten in Psalm 1, der mit den Worten beginnt:

> *Glücklich ist, wer nicht dem Rat gottloser Menschen folgt,*
> *wer nicht mit Sündern auf einer Seite steht, wer nicht*
> *mit solchen Leuten zusammensitzt, die über alles Heilige*
> *herziehen, sondern wer Freude hat am Gesetz des Herrn*
> *und darüber nachdenkt – Tag und Nacht.*
>
> PSALM 1,1-2

Wörtlich übersetzt heißt die letzte Zeile: «der in seiner Weisung *murmelt* Tag und Nacht» (Erich Zenger)[11].

Der Psalmbeter «murmelt» in freudiger, halblauter Wiederholung die göttliche Weisung. Er «käut sie wieder», bis sich ihre heilsame, nahrhafte Wirkung langsam entfaltet. Ziel ist es, das Gotteswort *auswendig* zu lernen und auf diese Weise auch *inwendig* aufzunehmen. Es geht darum, es im täglichen Leben («bei Tag und bei Nacht») gegenwärtig zu halten und sich davon nähren zu lassen.

Im Neuen Testament begegnen wir dieser Form der Wortmeditation in der Weihnachtsgeschichte: Nach dem Besuch der Hirten an der Krippe heißt es in Lukas 2,19 (LUT) von Maria, dass sie alle diese Worte «in ihrem Herzen bewegte». Das griechische Wort (*symbállein*), das hier verwendet wird, bedeutet so viel wie «Mosaiksteine (oder Puzzleteile) zu einem (schönen) Ganzen zusammenfügen».

Und die Erzählung vom zwölfjährigen Jesus im Jerusalemer Tempel endet damit, dass Maria alles Geschehene in ihrem Herzen «bewahrte» (Lukas 2,51; GNB). Das heißt: Sie behielt es im Gedächtnis, trug es als eine kostbare Erinnerung mit sich und dachte immer wieder darüber nach.

Mehr als bloße Worte

Das Wort Gottes ist mehr als ein bloßer Gegenstand des Lesens, ein Objekt des Analysierens und Begreifens.

Diese Tatsache wird deutlich an den bildlichen Aussagen, die die Bibel über sich selbst macht. Denn nicht nur *wir* lesen die Bibel, auch die Bibel liest und interpretiert unser Leben ganz neu. Das Wort Gottes wirkt, schafft, ermahnt, tröstet, erfreut – wenn wir es denn zulassen und unseren Eigensinn dabei loslassen.

In der bildhaften Sprache der Bibel wird das göttliche Wort in seiner unverzichtbaren Bedeutung dargestellt als

- ein wegweisendes *Licht,*
- ein Leben schaffender *Regen*,
- ein schneidendes *Schwert*
- und ein nährendes *Brot*.

1. Licht

In Psalm 119,105 heißt es:

«Dein Wort ist wie ein Licht in der Nacht, das meinen Weg erleuchtet.»

Damit ist angedeutet, dass wir ohne das Licht der Heiligen Schrift in den letzten Fragen unseres Lebens im Dunkeln tappen und der Wegweisung des göttlichen Wortes bedürfen.

2. Regen

In Jesaja 55,10-11 lesen wir:

«Denkt an den Regen und den Schnee! Sie fallen vom Himmel und bleiben nicht ohne Wirkung: Sie tränken die Erde und machen sie fruchtbar; alles sprießt und wächst. So bekommt der Bauer wieder Samen für die nächste Aussaat, und er hat genügend Brot zu essen. Genauso ist mein Wort: Es bleibt nicht ohne Wirkung, sondern erreicht, was ich will, und führt das aus, was ich ihm aufgetragen habe.»

Das bedeutet: Gottes Wort wirkt auch ohne unser Zutun. Es ist nicht auf unsere rhetorischen Anstrengungen angewiesen. Es bahnt sich selbst einen heilsamen Weg in unsere Welt.

3. Schwert

In Hebräer 4,12 steht: «Gottes Wort ist voller Leben und Kraft. Es ist schärfer als die Klinge eines beidseitig geschliffenen Schwertes, dringt es doch bis in unser Innerstes, bis in unsere Seele und unseren Geist, und trifft uns tief in Mark und Bein. Dieses Wort ist ein unbestechlicher Richter über die Gedanken und geheimsten Wünsche unseres Herzens.»

Dieser prägnante Vergleich erinnert uns daran, dass sich im Hören auf das Wort Gottes auch immer ein Gericht vollzieht über den Hochmut, die Trägheit und die Verlogenheit des Menschen. Das Wort Gottes hat eine aufdeckende und durchdringende Kraft.

4. Brot

In Matthäus 4,4 schließlich zitiert Jesus 5. Mose 8,3 mit den Worten:

«Es steht in der Heiligen Schrift: ‹Der Mensch lebt nicht allein von Brot, sondern von allem, was Gott ihm zusagt!›»

Damit wird deutlich, dass wir das Wort der Schrift brauchen wie das tägliche Brot. Wer geistlich leben will, sagt die Bibel, braucht ein Wort von dem, der das Leben gegeben hat und ohne den es nicht bestehen kann.

Wie hört man richtig?

Doch wie kommt man vom Lesen des Wortes Gottes zum tieferen Hören und Aufnehmen seiner Botschaft? Dazu finden wir einen spannenden Hinweis im 1. Buch der Könige (siehe Kapitel 3,5-14). An dieser Stelle wird berichtet:

Der junge König Salomo darf sich etwas von Gott erbitten, das in Erfüllung gehen soll. Was wünscht er sich nun? Vielleicht den Sieg über seine Feinde, großen Reichtum oder ein langes Leben? Nein, nichts dergleichen möchte er von Gott geschenkt bekommen, sondern er wünscht sich ein «hörendes Herz»!

Das ist ihm das Wichtigste: In allen Wechselfällen des Lebens, in Glück und Unglück, ein Herz zu haben, das auf Gottes Weisung hört. Er weiß, dass er nur so den Weg zu einem guten und gerechten Leben finden wird. Ein «hörendes Herz» befreit ihn von Selbstsucht und Verblendung. Er vernimmt damit eine Botschaft, die er sich selbst weder ausdenken noch zusprechen kann.

Diese Botschaft ist nicht *von* dieser Welt, aber gut und heilsam *für* diese Welt – für seine Welt, die er als König zu verantworten hat. Das, was Salomo hier beispielhaft zeigt, ist im wahrsten Sinne des Wortes ein «hörender» Glaube, mehr noch: ein «ge-horchender» Glaube, der durchs Leben trägt.

***

Im selben Sinn sagt der Apostel Paulus im Römerbrief (10,17): «Der Glaube kommt aus dem Hören der Botschaft; und diese gründet sich auf das, was Christus gesagt hat.»

Gemeint ist das Hören und Lauschen mit dem Ohr des Herzens auf die Botschaft des Evangeliums, die «gute Nachricht» von Gottes Liebe. Für Paulus ist dabei klar, dass dieses Hören niemals aus eigener Kraft gelingen kann, sondern nur mit dem Beistand des Heiligen Geistes, der uns das göttliche Wort offenbart und erleuchtet.

Ein alter geistlicher Grundsatz besagt: «Gott wird nur durch Gott erkannt.» Das meint auch Paulus, wenn er in 1. Korinther 2,10-15 schreibt:

> *Uns hat Gott durch seinen Geist sein Geheimnis enthüllt. Denn der Geist Gottes weiß alles, er kennt auch Gottes tiefste Gedanken. So wie jeder Mensch nur ganz allein weiß, was in ihm vorgeht, so weiß auch nur der Geist Gottes, was Gottes Gedanken sind. Wir haben nicht den Geist dieser Welt bekommen, sondern den Geist Gottes. Und deshalb können wir auch erkennen, was Gott uns geschenkt hat.*
>
> *Wenn wir davon sprechen, kommt das nicht aus menschlicher Klugheit, sondern wird uns vom Geist Gottes gelehrt. Was er uns gezeigt hat, das geben wir mit seinen Worten weiter. Der Mensch kann mit seinen natürlichen Fähigkeiten nicht erfassen, was Gottes Geist sagt. Für ihn ist das alles Unsinn, denn Gottes Geheimnisse erschließen sich nur durch Gottes Geist. Der von Gottes Geist erfüllte Mensch kann alles beurteilen, er selbst aber ist keinem menschlichen Urteil unterworfen.*

Hier wird deutlich: Wir brauchen den Heiligen Geist, damit wir die Botschaft der Bibel wirklich erfassen können und Gott durch die Bibel in unsere Herzen zu sprechen vermag.

Wer die Bibel verstehen will, braucht – um einen Ausdruck des großen Theologen Karl Barth aufzugreifen – das nötige «Oberlicht»[12]. Eine angemessene geistliche Schriftlesung erfordert also die vorausgehende Bitte um den Heiligen Geist.

Es ist klar, dass das Hören auf Gottes Wort mit dem «Ohr des Herzens» etwas verlangt, was in unserer heutigen lauten und hektischen Welt fast durchgehend gestört wird: eine achtsame Stille, aus der das Hören kommt und in die es wieder einmündet.

Nur wer schweigt, kann hören. Und nur wer wirklich hinhört und aufhorcht, kann verstehen, was hier und jetzt wichtig ist!

Schätze aus der christlichen Tradition

In der christlichen Tradition wird die gründliche Lektüre, Meditation und Beherzigung eines biblischen Textes auch *Lectio divina* genannt. Das bedeutet übersetzt «göttliche Lesung» oder «heilige Lesung».

Lectio divina

Ein erster Hinweis auf die *Lectio divina* findet sich zu Beginn des 3. Jahrhunderts beim Kirchenvater Origenes. In einem Brief an seinen Schüler Gregor schreibt er:

> *Widme dich der ‹lectio› der göttlichen Schriften; bemühe dich mit Beharrlichkeit darum. … Suche redlich und mit unerschütterlichem Gottvertrauen den Sinn der göttlichen Schriften, der sich in ihnen in reicher Fülle verbirgt. Du darfst dich jedoch nicht damit zufriedengeben, anzuklopfen und zu suchen: Um die Dinge Gottes zu verstehen, bedarfst du unbedingt der ‹oratio› (des Gebetes).*[13]

Die *Lectio divina* spielte dann im frühen Mönchtum eine immer wichtigere Rolle. Johannes Cassianus, ein zu seiner Zeit hochangesehener Mönch und geistlicher Schriftsteller des 5. Jahrhunderts, überliefert einen Rat des Abtes Nestor: «Bemühe dich, dich eifrig, ja beständig der *lectio divina* hinzugeben, und bestehe darauf, bis diese ständige Meditation deine Seele durchtränkt und nach seinem Bild umgeformt hat.»[14]

In der Regel des hl. Benedikt, dem Begründer des Benediktinerordens, wird von den Mönchen verlangt, dass sie sich ungefähr drei Stunden pro Tag, meist am späten Vormittag, der geistlichen Schriftlesung widmen. Benedikt hielt es für entscheidend, sich biblische Texte anzueignen, sie zu lesen, auswendig zu lernen und darüber zu meditieren, indem man sie leise murmelnd wiederholte. Die tägliche *Lectio divina* ergänzte das regelmäßige Stundengebet, so dass die Mönche tatsächlich nach den Worten von Psalm 1 «Tag und Nacht über die Weisung des HERRN nachsannen».

***

Eine stufenförmige, vierfach gegliederte *Lectio divina* entstand schließlich im 12. Jahrhundert, entwickelt vom Kartäusermönch Guigo. Guigo war Prior der *Großen Kartause*, dem Mutterkloster des Kartäuserordens in den französischen Alpen, das durch den Film *Die große Stille* aus dem Jahr 2005 bekannt wurde.

Als junger und angeblich unwissender Mönch schrieb Guigo an den erfahrenen Kartäuser Gervais, der ihn offensichtlich spirituell sehr beeinflusst hat. Dieser Brief wurde bekannt als *Scala claustralium*, die «Leiter der Mönche zum Himmel». Guigo schildert darin seine Gedanken über die geistlichen Übungen im Klosteralltag und erzählt, unter welchen Umständen es zur Ausbildung der vier Stufen der *Lectio divina* kam:

Als ich eines Tages bei der Handarbeit war, fing ich an, über die geistlichen Übungen des Menschen nachzudenken. Da kamen mir plötzlich vier geistliche Stufen in den Sinn: Lesung, Meditation, Gebet, Kontemplation. Das ist die Leiter, auf der die Mönche zum Himmel aufsteigen. Sie hat nur wenige Stufen, dennoch ist sie unermesslich und unglaublich hoch.[15]

Solche Stufenmodelle verwendete man häufig im Mittelalter, um Fortschritte im spirituellen Leben auszudrücken. Angeregt wurden sie durch die uralte Geschichte von Jakobs Traum, in dem er eine Himmelsleiter schaute, an deren Spitze sich ihm Gott offenbarte (1. Mose 28,12-15).

Guigo erläutert die vier Stufen seines Modells mit unterschiedlichen Bildern. So führt «die Lesung die feste Speise gewissermaßen zum Mund, die Meditation zerkleinert und zerkaut sie, das Gebet schmeckt sie, und die Kontemplation ist die Süßigkeit selbst, welche beglückt und belebt».[16]

Dabei gehören die vier Stufen untrennbar zusammen, da

die Lesung ohne Meditation dürr ist,
die Meditation ohne Lesung in die Irre geht,
das Gebet ohne Meditation lau
und die Meditation ohne Gebet unfruchtbar ist.
Das hingabevolle Gebet ist fähig,
die Kontemplation zu erlangen,
das Erlangen der Kontemplation aber ohne Gebet
ist selten oder ein Wunder.[17]

Die vierstufige *Lectio divina* hat sich daraufhin im klösterlichen Alltag durchgesetzt und über viele Jahrhunderte bewährt.

Geistliche Schriftlesung nach Martin Luther

Erst bei Martin Luther wurde dieses klösterliche Modell der geistlichen Schriftlesung dann gleichsam «reformiert». Luther beschreibt in der Vorrede zum ersten Band seiner deutschen Schriften die geistliche Schriftlesung nicht mehr als Vierschritt, sondern als einen Dreischritt von Gebet, Meditation und Anfechtung (*oratio, meditatio* und *tentatio*):

> *Erstens sollst du wissen, dass die heilige Schrift ein solches Buch ist, das die Weisheit aller anderen Bücher zur Narrheit macht, weil keines vom ewigen Leben lehrt als dieses allein. Darum sollst du an deinem Sinn und Verstand stracks verzagen. Denn damit wirst du es nicht erlangen … Sondern knie nieder in deinem Kämmerlein und bitte mit rechter Demut und Ernst zu Gott, dass er dir durch seinen lieben Sohn wolle seinen Heiligen Geist geben, der dich erleuchte, leite und Verstand gebe …*
>
> *Zum anderen sollst du meditieren, das ist: nicht allein im Herzen, sondern auch äußerlich die mündliche Rede und im Buch geschriebenen Worte immer treiben und reiben, lesen und wiederlesen, mit fleißigem Aufmerken und Nachdenken, was der Heilige Geist damit meint.*
>
> *Und hüte dich, dass du nicht überdrüssig werdest oder denkest, du habest es ein Mal oder zwei genug gelesen, gehört und gesagt und verstehest es alles bis auf den Grund. Denn daraus wird nimmermehr ein guter Theologe. Solche sind wie das unzeitige Obst, das abfällt, ehe es halb reif wird …*
>
> *Zum dritten ist da Tentatio, Anfechtung. Die ist der Prüfstein, die lehrt dich nicht allein wissen und verstehen,*

> *sondern auch erfahren, wie recht, wie wahrhaftig, wie süß, wie lieblich, wie mächtig, wie tröstlich Gottes Wort sei, Weisheit über alle Weisheit.*[18]

***

Ferner macht Luther in seiner kleinen, aber bedeutsamen Schrift *Eine einfältige Weise zu beten, für einen guten Freund*, die er für seinen Barbier, Meister Peter Beskendorf, verfasst hat, den Vorschlag, die Bibel mit einer vierfachen Fragerichtung zu lesen:

1. Was steht geschrieben?
2. Wofür habe ich zu danken?
3. Was muss ich bekennen?
4. Worum darf ich bitten?

Luther erklärt dazu:

> *Und ich mache aus einem jeglichen Gebot ein vierfaches oder ein vierfach gedrehtes Kränzlein, so nämlich: Ich nehme jedes Gebot zum ersten als eine* ***Lehre*** *an, wie es denn an sich ist … Zum zweiten mache ich eine* ***Danksagung*** *daraus, zum dritten eine* ***Beichte****, zum vierten ein* ***Gebet****.*[19]

Die geistliche Schriftlesung in diesem Sinne ist bis heute die Voraussetzung dafür, um Gottes Stimme in seinem Wort zu vernehmen. Es geht darum, einen Raum zu schaffen, in dem wir vertrauensvoll Gottes Ruf hören und mit unserer ganzen Existenz darauf antworten können.

Bonhoeffers Entdeckung

Im 20. Jahrhundert war es besonders Dietrich Bonhoeffer (1906-1945), der die Kraft des Wortes Gottes wieder neu für sich entdeckt hat. Er schreibt in einem Brief:

> *Ich stürzte mich in die Arbeit in sehr unchristlicher Weise. Ein Ehrgeiz, den manche an mir gemerkt haben, machte mir das Leben schwer. Dann kam etwas anderes, etwas, was mein Leben bis heute verändert und herumgeworfen hat. Ich kam zum ersten Mal zur Bibel … Ich hatte schon oft gepredigt, ich hatte schon viel von der Kirche gesehen, darüber geredet und gepredigt – und ich war noch kein Christ geworden …*[20]

In einem anderen persönlichen Brief bekennt er:

> *Ist es Dir nun verständlich, wenn ich die Bibel als dieses fremde Wort Gottes an keinem Punkt preisgeben will, dass ich vielmehr mit allen Kräften danach frage, was Gott uns hier sagen will? Jeder andere Ort außer der Bibel ist mir zu ungewiss geworden. Ich fürchte, dort nur auf einen göttlichen Doppelgänger von mir selbst zu stoßen … Und ich will Dir nun auch noch ganz persönlich sagen: Seit ich gelernt habe, die Bibel so zu lesen – und das ist noch gar nicht so lange her –, wird sie mir täglich wunderbarer …*

Und weiter:

> *Ich will da zunächst ganz einfach bekennen: Ich glaube, dass die Bibel allein die Antwort auf alle unsere Fragen ist,*

und dass wir nur anhaltend und etwas demütig zu fragen brauchen, um die Antwort von ihr zu bekommen. Die Bibel kann man nicht einfach lesen wie andere Bücher. Man muss bereit sein, sie wirklich zu fragen. Nur so erschließt sie sich. Nur wenn wir letzte Antwort von ihr erwarten, gibt sie sie uns. Das liegt eben daran, dass in der Bibel Gott zu uns redet. Und über Gott kann man eben nicht so einfach von sich aus nachdenken, sondern man muss ihn fragen. Nur wenn wir ihn suchen, antwortet er. Nur wenn wir es einmal wagen, uns so auf die Bibel einzulassen, als redete hier wirklich der Gott zu uns, der uns liebt und uns mit unseren Fragen nicht allein lassen will, werden wir an der Bibel froh.[21]

Was Bonhoeffer hier neu entdeckt hat, ist die unmittelbare Anrede Gottes an uns, sobald wir ernsthaft, ehrfürchtig und erwartungsfroh die Bibel lesen. Hinter dem Bibeltext steht eine lebendige Stimme, die es unendlich gut mit uns meint und uns im Hier und Jetzt lebenswichtige Orientierung geben möchte.

Heilsame Erfahrungen

Das Wort Gottes ist lebendig, schöpferisch und kreativ! Es schafft neues Licht und neues Leben. Man muss kein Theologe sein, um diese Erfahrung zu machen. Es reicht, sich offen und ehrlich auf Gottes Wort einzulassen, um seine besondere Kraft zu spüren.

So schreibt der russische Dichter Fjodor M. Dostojewskij (1821-1881) über die Bibel:

Mein Gott, was ist das für ein Buch, und was sind das für Lehren! Welche Wunder enthält diese Heilige Schrift, und welch eine Kraft ist mit ihr dem Menschen gegeben! Es ist wie das Herausmeißeln des Urbildes der Welt und des Menschen und der menschlichen Charaktere, und alles ist da mit Namen genannt und gedeutet für alle Zeiten. Und wie viele gelöste und offenbarte Geheimnisse. Es ist unheimlich, was man in diesem Buch finden kann. Es ist aber leicht, diese Sprüche anderen vor die Nase zu halten. Und wer hat das geschrieben, doch nicht etwa nur Menschen? Ich liebe dieses Buch![22]

Etwa hundert Jahre später machte ein anderer Dichter, Reinhold Schneider (1903-1958), eine ganz ähnliche überwältigende Erfahrung. Er berichtet über seine Ur-Begegnung mit dem Wort Gottes:

Ich schlug an einem Weihnachtsabend in Potsdam die Heilige Schrift auf und floh nach wenigen Kapiteln auf die kalte dunkle Straße. Denn es war klar: Unter diesem Anspruch der Wahrheit kehrt sich das Leben um. … Die Bibel kann man nicht lesen, man kann sie nur tun. Sie ist kein Buch, sie ist eine Lebensmacht. Und es ist unmöglich, eine, auch nur eine Zeile zu begreifen ohne den Entschluss, sie auch zu vollziehen.[23]

Licht im Seniorenheim

Auch in der Seelsorge habe ich oft beobachtet, welchen Unterschied das Wort Gottes im Leben eines Menschen machen kann.

So erinnere ich mich etwa an die Begegnung mit einem alten Mann im Seniorenheim, der ein schweres Lebensschicksal erdulden musste: Er war, so hatte man mir erzählt, zweimal verwitwet und hatte fast keine Angehörigen mehr.

Als ich ihn nun das erste Mal an einem nasskalten Februartag in seinem Zimmer besuchte, hatte ich den unmittelbaren Eindruck: Obwohl draußen trübes Wetter herrschte, war dieses Zimmer auf seltsame Weise erleuchtet. Auf dem Tisch lagen fein säuberlich geordnet das Losungsbüchlein der Herrnhuter Brüdergemeine und die Bibel, aufgeschlagen auf der Seite der Tageslesung. Es war klar: Dieser Mann lebte *aus* und *mit* dem Wort Gottes!

Im Gespräch erzählte er mir, dass er all das Schwere in seinem Leben nur durch den Glauben tragen konnte und wollte. Es war sein Vertrauen auf Gott, den Schöpfer des Lebens, auf Christus, den Retter der Welt, und auf den Heiligen Geist, das ihn von innen heraus stärkte und tröstete.

Er hat diesen Trost und diese Stärkung täglich neu gesucht in der Andacht und im Gebet. Jeden Morgen sprach Gott zu ihm durch das Wort der Heiligen Schrift. Dieser Mann hat tatsächlich «Jesus geatmet».

Das hat ihn zu einem freundlichen, redlichen und hilfsbereiten Menschen gemacht. Das hat ihn innerlich jung gehalten, auch als sein Leib langsam schwächer wurde. Das hat sein altes Leben Tag für Tag erneuert bis zu seinem Tod.

Selten ist mir so deutlich geworden, wie das Wort Gottes aus einer unsichtbaren Quelle heraus Leben schaffen und erfrischen kann!

***

Zu den Erfahrungen mit der Wortmeditation gehört aber natürlich auch, dass es oft Zeiten gibt, in denen das ernsthafte Lauschen auf Gottes Wort vergeblich zu sein scheint.

Dass Gott durch die Bibel zu uns spricht, ist ja von unserer menschlichen Seite aus nicht machbar oder verfügbar. Es geschieht nicht, wenn *wir* das wollen, sondern wenn *Gott* das will. Umso wichtiger ist daher die Treue im Lesen der Bibel.

Der katholische Theologe Karl Rahner hat dazu einmal gesagt:

> *Man muss immer wieder die Schrift lesen, selbst wenn eine solche Wanderung wie durch leere Wüsten zu führen scheint. Plötzlich begegnen sich dann doch immer die eigene Lebenssituation und ein Wort der Schrift und erhellen sich gegenseitig.*[24]

Haben wir die Bibel nötig?

Manchen Christen erscheint es vielleicht nicht nötig, regelmäßig in der Bibel zu lesen. Dem hält Jörg Zink ein ganz persönliches Bekenntnis entgegen:

> *Es gibt Menschen, die die Bibel nicht brauchen.*
> *Ich gehöre nicht zu ihnen. Ich habe die Bibel nötig.*
> *Ich brauche sie, um zu verstehen, woher ich komme.*
> *Ich brauche sie, um in dieser Welt einen festen Boden*
> *unter den Füßen und einen Halt zu haben.*
> *Ich brauche sie, um zu wissen, dass einer über mir ist*
> *und mir etwas zu sagen hat.*
> *Ich brauche sie, weil ich gemerkt habe, dass wir Menschen*

in den entscheidenden Augenblicken füreinander
keinen Trost haben und dass auch mein eigenes Herz
nur dort Trost findet.
Ich brauche sie, um zu wissen,
wohin die Reise mit mir gehen soll.[25]

Übung

Empfehlenswert ist es, bei der geistlichen Schriftlesung drei aufeinander aufbauende Schritte zu befolgen: das Innehalten, das Vernehmen und das Antworten. So könnte die Übung etwa aussehen:

1. Innehalten

Lege eine Zeit in deinem Tagesplan fest,
«schneide» eine freie Stunde gleichsam aus dem Alltag heraus
und «verteidige» sie gegenüber allen Störungen.

Suche einen ruhigen Ort auf,
zünde eventuell eine Kerze an,
nimm Platz, erde dich und atme ruhig.

Setze einen kurzen liturgischen Anfang:
«Im Namen des Vaters und des Sohnes
und des Heiligen Geistes!» –
dabei kannst du dich bekreuzigen
oder eine ähnliche Geste vollziehen.

Vergegenwärtige dir,
dass Gott schon da ist und auf dich wartet.
Erwäge in deinem Herzen, wie er dich gerade anschaut:
liebevoll, freundlich, barmherzig …

Bitte um den Heiligen Geist,
dass er dir genug inneres Licht schenke, um zu verstehen,
was Gott dir durch sein Wort hier und heute sagen will.

2. Vernehmen

Schlage die Bibelstelle auf, die du dir vornehmen willst,
in Dankbarkeit und freudiger Erwartung.
Lies den Bibelabschnitt langsam und konzentriert,
sprich ihn – wenn möglich – auch laut aus.
Lies den Text auf diese Weise mehrfach durch
in stetiger Achtsamkeit und Empfänglichkeit.

Denke über die Worte des Textes nach,
nimm sie gleichsam «verkostend» in dich auf.
Sinne dem Geschehen des Textes nach,
betrachte es, umkreise es, versetze dich hinein,
ermiss den Horizont, in dem es sich ereignet …

Meditiere über das Bibelwort, wie Martin Luther es vorschlägt:

> *Das Evangelium will wohl betrachtet, angesehen und tief zu Herzen genommen sein. Und niemand wird mehr Nutzen davon haben als die, die ihr Herz still halten, alle Dinge ausschlagen und mit Fleiß in es hineinsehen.*[26]

Es geht darum,
dass das im biblischen Text erzählte Geschehen
sich dir im Geiste öffnet,
dass du die Wirklichkeit siehst, die der Text ergreift,
und nicht die, die du zu sehen gewohnt bist.
Versuche, möglichst nah am Gemeinten zu bleiben
und die Mitte, die Tiefe, den Sinn
der einzelnen Worte und Sätze wahrzunehmen.
Gehe den Bildern, den Szenen des Geschehens nach
und vermeide es, in Begriffen steckenzubleiben.

Nun kannst du dich fragen im Sinne des «vierfachen Kränzleins» von Luther:

1. Was steht geschrieben?
2. Wofür habe ich zu danken?
3. Was muss ich bekennen?
4. Worum darf ich bitten?

Oder du kannst dir die Fragen stellen, die der große Bibelübersetzer Hans Bruns empfiehlt:

1. Was ist der Widerspruch Gottes gegen mein Leben?
2. Was ist der Zuspruch Gottes für mein Leben?
3. Was ist der Anspruch Gottes an mein Leben?
4. Was ist die Verheißung Gottes über meinem Leben?

(Dabei ist es ratsam, sich für *eine* der beiden Varianten zu entscheiden und diese dann konsequent zu üben!)

3. Antworten

Frage dich, gestärkt durch Gottes Wort,
welche Konsequenzen sich für dein Leben ergeben:
Was sollst du tun oder lassen?
Was ist der nächste Schritt?

Anschließend danke Gott in einem persönlichen Gebet
für den Beistand seines Heiligen Geistes,
der dir Neues offenbart, dich von dir selbst entlastet
und aktuelle Wegweisung geschenkt hat.

Bitte Gott, dass er dir Weisheit,
Liebe und Besonnenheit gibt,
um das Gelesene auch umzusetzen
und, wenn es nötig ist, treu zu üben.
Bitte ihn um Mut, Kraft und Ausdauer,
um Schritt für Schritt
in die gewiesene Richtung voranzugehen,
selbst wenn der Weg steinig und mühsam wird.
Bitte Gott, dass dir die Freude an seinem Wort erhalten
bleiben und immer wieder neu aufleuchten möge.

Du darfst Christus, deinen Herrn und Freund, preisen,
dass er mit seinem Wort so dicht bei dir ist,
dass er dich wunderbar lehrt, führt und begleitet,
so wie er es mit den beiden Jüngern
auf dem Weg nach Emmaus getan hat.

Zuletzt verneige dich in Liebe und Dankbarkeit
vor ihm, dem alle Ehre gebührt,
und wende dich wieder der Arbeit des Tages zu.

KAPITEL 3

Psalmen schreiben
Schreibmeditation

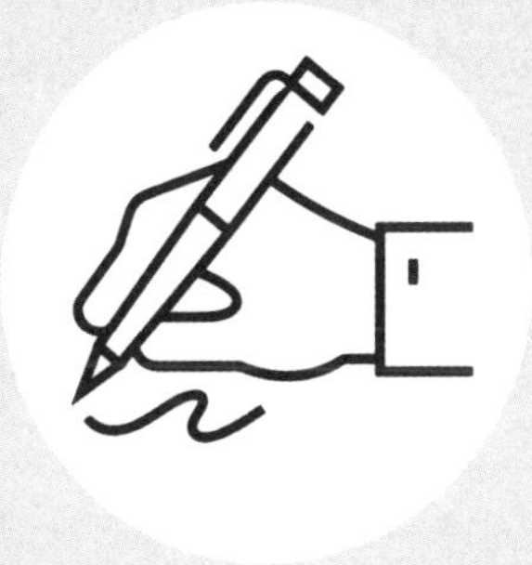

Was du siehst, das schreibe in ein Buch!
Offenbarung 1,11 (LUT)

Im ruhigen, gesammelten Abschreiben
von Bibelversen und Psalmen,
im langsamen Nachzeichnen der Buchstaben und Worte,
im Bemühen um äußere Klarheit und Schönheit
leuchtet mir die innere Schönheit des biblischen Wortes entgegen,
komme ich tiefer in die geistliche Dimension des Textes hinein,
entdecke ich neue Seiten an der Bibel, an mir selbst und an Gott.

Im Dichten von eigenen Psalmen,
im «Zu-Papier-Bringen» von Lob und Dank, Bitte und Klage
wie auch im Führen eines geistlichen Tagebuches
komme ich mir selbst und meinem Herzen auf die Spur,
schreibe ich mir von der Seele, was mich gerade bewegt,
staune ich neu über erlebte Wohltaten und empfangene Gnade,
dokumentiere ich meine Geschichte mit dem lebendigen Gott.

Was du siehst, das schreibe in ein Buch!
Offenbarung 1,11 (LUT)

Als wir in unserer Gemeinde anfingen, in der Fastenzeit vor Ostern «Exerzitien im Alltag» anzubieten, kam jemand auf die Idee, zum Einstieg eine ganz einfache Übung zu praktizieren: Psalmen abschreiben.

Nicht mehr war verlangt, als einen Bibelabschnitt in schöner Schrift langsam und bedächtig mit eigener Hand zu Papier zu bringen. Die Erfahrung, die wir dabei machten, war verblüffend. Wir schrieben alle in unserer jeweiligen stillen Zeit am Morgen den Psalm 34 ab, und siehe da: Wir entdeckten ganz neue Aspekte in dem Psalm, die uns aus unseren kunstvollen Niederschriften entgegenleuchteten und die wir beim vorherigen bloßen Lesen gar nicht wahrgenommen hatten.

Gerade die Langsamkeit der Übung, die dadurch gegeben war, dass wir die einzelnen Worte möglichst fein und ausdrucksstark gestalten sollten, innerlich gesammelt und auf die Schönheit des Textes konzentriert, erweckte in uns ein neues Verständnis für das, was der uralte Psalm uns hier und jetzt zu sagen hatte.

Wir hatten die heilsame Kraft der «Schreibmeditation» für uns entdeckt!

***

Darauf aufbauend beschlossen wir, eigene Psalmen zu dichten und in Schönschrift zu Papier zu bringen.

Die Ergebnisse waren sehr berührend, und zwar nicht nur für den, der den Psalm formuliert und zur Darstellung gebracht hatte. Denn auch wir übrigen Teilnehmer der Gruppe konnten dadurch in poetischer Sprache hören, was der jeweils andere an Freud und Leid, Vertrauen und Zweifel, an Lobpreis und Klage, Glück und Schmerz erlebt und im Gebet vor Gott gebracht hatte.

Aus einer Schrankschublade zog ich vor einiger Zeit solch einen selbstgeschriebenen Psalm hervor. Diese Zeilen rufen heilsame Erinnerungen in mir wach, eben deshalb, weil sie nicht «vom Winde verweht», sondern fixiert und eigenhändig niedergeschrieben wurden. Der kleine persönliche Psalm lautet:

Dank sei dir, Vater im Himmel,
für diesen klaren Abend,
für die hellen Farben des Vorfrühlings,
für die Spuren des aufkeimenden Lebens auf der Erde –
Zeichen der Hoffnung.
Ich danke dir für diese Stunde
des Friedens und der Besinnung.
Ich danke dir für Gesundheit und Kraft,
für meine Familie, für unsere Kinder
und alle Hilfe, die wir erfahren haben.

Ach Herr,
erbarme dich über uns arme Menschenkinder,
die wir oft so eingebildet und verblendet sind
und doch so wenig vermögen.
Ich bitte dich um innere Kraft,
um die Tugenden der Bescheidenheit und Freundlichkeit.
Ich bitte dich um Ausdauer und viel Geduld.
Ich bitte darum, dass ich stärker und mutiger werde,

dass ich ich selbst bleiben kann
in allem, was ich tue und sage.
Ich bitte darum,
dass ich anderen besser helfen kann als bisher.
Ich bitte, dass du mir tiefere Erkenntnis schenkst
in die Wahrheit des Evangeliums,
dass ich Ängste und Zweifel in mir überwinde.

Ich sage dir Dank für alles
durch Jesus Christus,
meinen Freund und den Retter meines Lebens.
Dank sei dir, Vater,
für diesen klaren Abend.

Das Dichten und Schreiben eigener Psalmen hat eine meditative Kraft, schult die geistliche Intuition, den Sinn für Schönheit und Klarheit und erinnert an «Sternstunden» der eigenen Freundschaft mit Gott.

Biblische Grundlagen

Nach dem biblischen Zeugnis beginnt die Geschichte Gottes mit seinem Volk damit, dass Gott selbst sich in einer Art «Schreibmeditation» übt. Er schreibt beim Bundesschluss am Berg Sinai die Zehn Gebote auf die beiden Steintafeln, die Mose ihm zugehauen hat (vgl. 2. Mose 34,1). So soll für alle Zeit dem Volk Israel und der ganzen Welt «eingeprägt» sein, was Gottes Wille und Verheißung ist.

Aber auch Mose selbst sieht sich verpflichtet, alle Weisungen seines Gottes niederzuschreiben. In 2. Mose 24,3-4 heißt es:

Mose trat vor die Israeliten und teilte ihnen die Gebote und Bestimmungen des Herrn mit. Sie antworteten einmütig: «Wir wollen alles tun, was der Herr befohlen hat!» Danach schrieb Mose die Worte des Herrn auf.

Dieser Vorgang ist einleuchtend: Bis eine Botschaft aufgeschrieben ist, wurde sie bereits mehr als einmal gelesen, bedacht, im Herzen bewegt. Das Schreiben ist ein erneutes Sich-dem-Wort-Aussetzen, ein Vergewissern. Nach dem Schreiben folgen die Augen den mit so viel Geschick geschwungenen Linien – und erneut wägen die Gedanken die Worte, um die es geht.

Solches Schreiben vertieft und verankert die Botschaft, die wichtig ist. Nach hebräischer Auffassung ist es nicht nur notwendig und gut, sondern auch heilsam und schön, sich der göttlichen Worte auf solch eine sinnliche, handschriftliche Weise zu vergewissern und sich ihnen anzubefehlen.

Schreibe sie tief in dein Herz!

In dieselbe Richtung weisen Bibelworte aus der Weisheitstradition Israels. In den Sprüchen Salomos heißt es (3,1-4):

Mein Sohn, vergiss nie, was ich dir beigebracht habe! Nimm dir meine Ratschläge zu Herzen und bewahre sie! Dann wird es dir gut gehen, ein langes und erfülltes Leben liegt vor dir.

An Güte und Treue soll es dir niemals fehlen. Trage sie wie eine Kette um deinen Hals, ja, ***schreibe sie dir tief in dein Herz****! So wirst du Freundschaft und Ansehen bei Gott und Menschen finden.*

Auch die Propheten werden aufgefordert, konzentriert aufzuschreiben, was sie von Gott her vernommen haben. In Jeremia 30,2-3 heißt es:

> *So spricht der Herr, der Gott Israels: Schreib alles, was ich dir gesagt habe, in einem Buch nieder! Denn es kommt die Zeit, in der ich das Schicksal meines Volkes wieder zum Guten wende. Ich bringe die Israeliten und Judäer zurück in das Land, das ich einst ihren Vorfahren gegeben habe, und sie können es wieder in Besitz nehmen. Mein Wort gilt!*

Das geschriebene Wort sichert die Erinnerung, es dokumentiert die Vergangenheit und hält die Verheißungen fest, die erst später in Erfüllung gehen werden.

Aufgeschrieben im Himmel ...

Im Neuen Testament finden wir ebenfalls eine Hochschätzung der Schrift in heiligen Dingen. So sagt Jesus zu seinen Jüngern: «Freut euch vielmehr darüber, dass eure Namen im Himmel aufgeschrieben sind!» (Lukas 10,20). Die Freude über die Erlösung wird bestärkt und befestigt durch das geschriebene Wort, den geschriebenen Namen, auf ewig dokumentiert im Himmel.

Im gleichen Sinn sagt Paulus voller Freude von seinen Mitarbeitern, ihre Namen seien «in das Buch des Lebens eingetragen» (Philipper 4,3). Im Buch der Offenbarung wird dieses «Buch des Lebens» mehrfach erwähnt, in dem die Namen der Erlösten von Anfang der Welt an aufgeschrieben sind – ein großer Trost für alle, die um ihres christlichen Glaubens willen verfolgt und gequält werden!

Im heiligen Schreiben und Aufgeschriebensein steckt eine tiefe Geborgenheit. Ein besonderer Schutz und Segen liegt über diesem geheimnisvollen Geschehen. Deshalb wird der Seher Johannes gleich am Anfang seines Offenbarungsbuches aufgefordert: «Schreib alles auf, was du siehst!» (Offenbarung 1,11).

Der Volksmund sagt: «Wer schreibt, der bleibt.» Das gilt auch in geistlichen Dingen, insbesondere im Bereich der christlichen Meditation und Kontemplation.

Schätze aus der christlichen Tradition

Das Abschreiben biblischer Texte kennt man nicht nur im Christentum, sondern es geht auf eine lange, ehrwürdige Tradition im Judentum zurück. Bis heute lebt die jüdische Frömmigkeit davon, dass heilige Texte sorgfältig abgeschrieben und gründlich studiert werden.

Dafür gibt es im Judentum einen eigenen geistlichen Beruf, den sogenannten *Sofer*, den Schreiber religiöser Texte. Diese Tätigkeit erfordert eine jahrelange Ausbildung und ist hoch angesehen, vergleichbar etwa mit dem Beruf eines Kantors. Die Arbeit des *Sofers* verlangt höchste Konzentration und innere Hingabe an Gott.

Dabei werden die biblischen Texte mit einem Gänsekiel und einer Tinte ohne Metallzusätze, die der *Sofer* meist selbst herstellt, kunstvoll niedergeschrieben. Die Unterlage ist stets ein nur für diesen Zweck handproduziertes Pergament. Die Texte müssen absolut fehlerfrei und präzise aufs Pergament gebracht werden. Aus diesem Grund darf der *Sofer* nicht aus dem Gedächtnis schreiben, sondern muss jeden Buchstaben einzeln aus der Vorlage kopieren.[27]

Eine Fortsetzung dieser Tradition findet sich in der hochentwickelten Buchmalerei des Mittelalters. Biblische Texte wurden damals in der Stille einer klösterlichen Schreibstube kopiert und mit Ornamenten versehen, deren Schönheit uns noch heute beeindruckt. Für diese mühevolle Schreibarbeit ist eine meditative Grundhaltung nicht nur hilfreich, sondern absolut notwendig.

Christliche Kalligrafie steht also in einer jahrhundertealten Tradition, die ich allen nur empfehlen kann, die dafür ein gewisses «Händchen» haben.

Liebes Tagebuch ...

Ein weiterer großer Schatz in der Tradition des Glaubens ist das geistliche Tagebuchschreiben.

Schon um das Jahr 400 schrieb der Kirchenvater Augustinus seine *Bekenntnisse* nieder, die als eine Art rückblickendes Tagebuch betrachtet werden können. Augustinus schildert darin die Stationen seiner Kindheit, Jugend, Bekehrung und weiteren Entwicklung erstaunlich offen und ausführlich. Das ganze Werk ist in Gebetsform gehalten und lebt von der innigen Zuwendung zu Gott, dessen Erbarmen und zärtliche Fürsorge Augustinus lobt und preist.

Auch im Mittelalter, vor allem zwischen dem 10. und 16. Jahrhundert, entstanden solche tagebuchähnlichen Lebensrückblicke. Sie waren meist im Bereich von Klöstern und Einsiedeleien beheimatet und wurden zur eigenen Selbsterkenntnis, geistlichen Entwicklung und zur Ehre Gottes verfasst.

Ab dem 18. Jahrhundert gestaltete sich das Tagebuchschreiben dann deutlich subjektiver und persönlicher. Im Zeitalter des Absolutismus erfolgte – bewirkt durch die Schrecken der konfessionellen Auseinandersetzung im öffentlichen Raum – der Rückzug der Gläubigen ins Private. Viele Tagebücher aus dieser Zeit waren von der Meditation und Kontemplation inspiriert und dienten der Erforschung der eigenen Seele.

Die Einträge hatten demzufolge oft den Charakter einer persönlichen Beichte. Man vertraute dem Tagebuch an, was man bereute und wofür man Gottes Gnade und Vergebung erbitten wollte.

Durch das Schreiben spürte man, wie groß Gottes unbedingter Versöhnungswille uns Menschen gegenüber ist und wie sehr wir auf seine Barmherzigkeit hoffen dürfen.

Besonders in Ausnahmesituationen begannen viele Menschen auch im letzten Jahrhundert mit dem Tagebuchschreiben. Das *Tagebuch der Anne Frank* aus der Zeit des Nationalsozialismus ist wohl eines der bekanntesten Beispiele hierfür.

Berühmt geworden ist auch das geistliche Tagebuch des Reform-Papstes Johannes XXIII. (1881-1963). In dieser Hinterlassenschaft wird deutlich, wie der aus ärmlichen Verhältnissen stammende Bauernsohn von Jugend an bis zu seinem Tod eine enge Beziehung mit Jesus pflegte, wie er täglich «Jesus atmete» und bei ihm innere Heiligung fand.

Ein weiteres eindrückliches Beispiel für ein christliches Tagebuch sind die sogenannten *Wegmarken*, ein über viele Jahre hinweg in aller Stille geführtes Tagebuch des UN-Generalsekretärs Dag Hammarskjöld (1905-1961), das erst nach seinem Tod an die Öffentlichkeit gelangte. Es zeigt, wie dieser große Diplomat in seinem Einsatz für Frieden und Gerechtigkeit von inneren Quellen geleitet wurde. Es war das Gebet und das Hören auf Gott, das sein politisches Handeln maßgeblich beeinflusste.

Hammarskjöld selbst nannte die oft in lyrischer Dichte und Prägnanz verfassten Aufzeichnungen «eine Art Weißbuch meiner Verhandlungen mit mir selbst – und mit Gott»[28]. Sie sind ein einzigartiges Dokument, in dem das Ringen einer einsamen Seele um die höchsten Geheimnisse des Lebens und Glaubens offenbar wird.

Heilsame Erfahrungen

In der geistlichen Schreibmeditation zeigt sich, dass sich äußeres Tun und innere Stille sehr gut ergänzen können. Im Schreiben wird man ruhiger, gelassener, offener für Gott und das Wirken seines Geistes. Die Schreibmeditation kann deshalb ein guter Weg sein, um den Lärm im eigenen Kopf behutsam leiser zu drehen.

Wer sich im meditativen Abschreiben biblischer Texte übt, berichtet häufig davon, wie sich ihm dabei neue Seiten der Bibel offenbaren. Er ist oft überrascht, wie bestimmte Worte auf einmal «anschaulich werden» und neu zu sprechen beginnen. Und nicht nur das: Die Ruhe dieser künstlerischen Arbeit «färbt» sozusagen ab. Wer sich ihr widmet, der wird innerlich erfüllt, zufrieden und leicht.

Aber auch das Schreiben eines eigenen Psalms in Anlehnung an die biblischen Psalmen kann als befreiend und als Türöffner für eine intensive Gottesbegegnung erlebt werden.

Im Tagebuchschreiben erfahren unzählige Menschen, wie sich ihre Gedanken und Gefühle entwirren, wie sie ihrer Sehnsucht Raum geben und sich besser vergegenwärtigen können, was wirklich wichtig ist für ihr Leben. Es befähigt sie, im Nachhinein den «roten Faden» der göttlichen Führung in ihrem Alltag zu erkennen, besonnener und reflektierter zu handeln und sich Tag für Tag stärker in Gott zu verankern.

***

Philippa Rath, eine Benediktinerin im Hildegardiskloster im Rheingau, hat einmal berichtet, wie sehr ihr das Führen eines geistlichen Tagebuchs, kombiniert mit der Lektüre der Bibel und der Regel des hl. Benedikt, auf ihrem eigenen geistlichen Lebensweg geholfen hat. Sie schreibt:

> *Wenn ich heute mein Bücherregal anschaue, dann finde ich darin viele vollgeschriebene Kladden, hinter denen sich mein geistlicher Lebensweg verbirgt – mit all seinen Kreuzungen, mit seinen Umwegen, mit seinen Stolpersteinen, mit seinen Wüsten und manchmal schier unüberwindlich scheinenden Gebirgen, aber auch mit all seinen Oasen und Höhenerfahrungen, mit Freudenzeiten und unverdienten Glücksmomenten. Den meisten Raum, das sollten wir ganz nüchtern sehen, nimmt das Alltägliche ein. Das hat nichts mit Mittelmäßigkeit zu tun, wohl aber vielleicht mit Mitte und Maß. Auch solche «Discretio» will immer neu errungen werden, gerade in unserer Zeit, die zum Extremen und zum Ultimativen neigt. Bodenhaftung ist unter Umständen schwerer zu gewinnen als Ekstase. Der schmalste Grat ist immer der mittlere Weg, der des Alltags. Aber hat nicht der Herr selbst seinen Jüngern verheißen: «Geht voraus nach Galiläa, dort werdet ihr mich sehen.»*
> *[…]*
>
> *Manchmal blättere ich auch zurück, nehme eine alte Kladde zur Hand, um zu schauen, was ich mir … vor zwei*

Jahren, vor fünf Jahren oder gar vor zehn Jahren notiert habe. Eine lineare Entwicklung findet sich da nicht, wohl aber viele verschiedene Aspekte und Sichtweisen – auch manches Zeitbedingte natürlich. Wichtig aber ist mir, dass auch Stellen oder Kapitel, die auf den ersten Blick vielleicht eher marginal zu sein scheinen, mit der Zeit an Leuchtkraft gewinnen. Manche Muscheln öffnen sich eben erst mit der Zeit und lassen ihre Perlen nur langsam sichtbar werden. Wichtig sind auch hier Geduld und Treue und die Offenheit, sich immer wieder neu überraschen zu lassen … Wenn eine solche Erfahrung die Frucht langen Tagebuch-Schreibens ist, dann hat es sich meines Erachtens gelohnt.[29]

Übungen

Wie wir gesehen haben, kann Meditation auch in einer aktiven Tätigkeit geschehen. Wenn du eine Schreibmeditation probieren willst, bereite dich am besten so darauf vor:

- Suche dir einen ruhigen Ort und stimme dich auf die kommende Auszeit vom Alltag und die darin mögliche Gottesbegegnung ein.
- Lege Papier und Stift(e) bereit.
- Beginne mit einem kurzen Gebet.
- Schließe die Augen und atme einige Male tief ein und aus.
- Nimm dann deinen Stift und beginne mit einer der unten vorgestellten Formen der Schreibmeditation.

***

Es gibt viele Möglichkeiten, das Schreiben als Meditation zu nutzen. Ich stelle hier einige Varianten vor, die ich selbst ausprobiert habe und die sich in der Praxis bewährt haben. Es sind Vorschläge, mit denen du auch gerne experimentieren kannst.

Psalmen abschreiben

Bei dieser traditionellen Form der Schreibmeditation werden aus dem uralten und doch immer wieder aktuell wirkenden Gebetbuch der Bibel ausgewählte Passagen langsam per Hand abgeschrieben. Manches kann zusätzlich grafisch hervorgehoben oder mit Ornamenten versehen werden. Besonders geeignet sind für den Anfang kurze und prägnante Abschnitte wie etwa die Psalmen 8, 23, 46, 121, 131 etc.

Einen eigenen Psalm dichten

Bei dieser Übung geht es darum, das in Worte zu fassen, was dich gerade bewegt, und es in Form eines eigenen Psalms vor Gott zu bringen. Je nachdem, in welcher Gemütsverfassung du dich befindest, kann dies ein Klage-, Bitt- oder auch Dankpsalm sein.

Entscheidend ist, dass du ehrlich und aufrichtig deine Gefühle vor dir selbst und vor Gott benennst. So kannst du Gott zum Beispiel deine bittere Not klagen oder deine Anliegen, Sehnsüchte, Schuldgefühle, Ängste und Sorgen in konkrete Bitten verwandeln. Du kannst Gott aber auch loben und danken für erfahrenen Segen und für alles Glück, das er dir geschenkt hat.

Kalligrafische Meditation

Die kalligrafische Meditation (zu der auch die moderne Bewegung des *Bible-Lettering* gehört) ist eine besondere Variante der Schreibmeditation.

Es geht darum, einzelne Worte oder Sätze in kunstvoller Schönschrift aufzumalen. Hierbei ist nicht nur der Inhalt des Geschriebenen, sondern auch der Akt selbst von höchster Bedeutung. Die Bewegung des Schreibens hilft dem Geist, zur Ruhe zu kommen.

Gut eignen sich prägnante Bibelverse oder Sprüche, die mit Tusche und Pinsel in bunten Farben langsam auf ein Papier gemalt werden. Wie die Schrift aussieht und welche Worte geschrieben werden, entsteht dabei ganz intuitiv.

Wichtig ist: Lass aufkommende Gedanken vorbeiziehen und bleib ganz im Moment! Beobachte stattdessen den Pinsel, betrachte die feinen Linien.

Lass deinen Kopf zur Ruhe kommen und kehre – wenn die Gedanken dich doch wegtragen – immer wieder in die Stille zurück!

Ein schöner Nebeneffekt dabei: Es können feine Kunstwerke entstehen, die auch anderen Freude bereiten.

Geistliches Tagebuch führen

Den Tag mit einer Tagebuchaufzeichnung zu beschließen, ist eine alte und segensreiche Form der Abendmeditation.

Stell dir vor, wie der Lärm des Tages langsam verklingt, wie die Mühe des Tages von dir abfällt, wie du Distanz gewinnst zu dir selbst und aller Unruhe, die in dir ist.

Dann begib dich vertrauensvoll und dankbar in die Gegenwart Christi. Mache dir klar, dass Christus im Innersten deiner Seele lebt und wirkt.

Schließlich beginne mit dem Schreiben. Bringe einfach alles zu Papier, was dir wichtig ist und «was obenauf liegt».

Hier einige Fragen, die dir als Impulse fürs Schreiben helfen können:

- Was habe ich heute erlebt?
- Für was bin ich dankbar?
- Was lief nicht so gut? Warum nicht?
- Wie habe ich mich gefühlt? Warum?
- Welche Bitten habe ich? (Gebetsanliegen)
- Was möchtest du (Jesus) mir sagen?

***

Beschließe die Übung mit einer Segensbitte und einem Lobpreis.

KAPITEL 4

Musik hören
Musikmeditation

Mit Psalmen, Lobgesängen und geistlichen Liedern singt Gott dankbar in euren Herzen!

Kolosser 3,16 (LUT)

Seit jeher wird die gute Nachricht des Evangeliums,
die uns trösten und ermutigen will,
und die Antwort darauf, der Glaube,
durch das Medium der Musik vermittelt.
In liturgischen Gesängen, Psalmen, Chorälen und Liedern
wird die göttliche Botschaft zum Klingen gebracht.

Ich kann mich den Melodien und Rhythmen
dieser geistlichen Musik meditativ überlassen,
kann das in Töne verwandelte Wort Gottes
tief in mich aufnehmen
und mich von seiner Kraft und Schönheit so berühren lassen,
dass Gottes Wirken in mir Resonanz erzeugt.

Ich spüre innere Entlastung, Ermutigung,
Trost und Ergriffenheit.
Mein Herz wird dankbar und still durch die Musik,
die vom Heiligen Geist durchdrungen
und darum auf besondere Weise heilsam und heilig ist.

Mit Psalmen, Lobgesängen und geistlichen Liedern singt Gott dankbar in euren Herzen!

Kolosser 3,16 (LUT)

Ich erinnere mich noch heute an einen nasskalten Tag im Februar, als ich – von einem besonders bösartigen Grippevirus überwältigt – auf das Krankenlager gezwungen und von hohem Fieber, Schüttelfrost und grässlichen Kopfschmerzen heimgesucht wurde. Auch meine Frau und meine drei kleinen Kinder hatten sich angesteckt und litten unsäglich unter der plötzlichen Erkrankung. Ich fühlte mich schrecklich elend und schwach. Weder Tee noch Medikamente noch irgendwelche altbewährten Hausmittel brachten Linderung.

Da kam mir die Idee, mich in die Musik zu flüchten. Ich legte eine CD mit Bachs h-Moll-Messe auf und wollte wenigstens ein wenig von mir selbst abgelenkt sein. Als das *Kyrie* vom Anfang dieser Messe erklang (besser gesagt: aufbrandete), da brachen in mir alle Dämme: Ich fing hemmungslos an zu weinen und konnte mich mit allen Schmerzen und Nöten gänzlich fallen lassen in das große Erbarmen Gottes, wie es Bach so meisterhaft vertont hatte.

«*Kyrie eleison* – Herr, erbarme dich!» Nie habe ich das tiefer und intensiver mit dem Herzen beten können als damals, als ich mich dem Tod näher fühlte als dem Leben. Das Heilmittel dazu war: die Musik!

Die Meditation des Eingangschores umfing mich in meiner Bedrängnis und bettete mich ein in die Gegenwart Gottes, in die Gegenwart Christi und in die Gegenwart des Heiligen Geistes.

Heute noch, wenn ich die h-Moll-Messe höre, erinnere ich mich an diese Erfahrung von Trost und Geborgenheit in einem Meer aus geistlicher Musik, wie ich sie damals erlebt habe.

***

Ähnlich ist es mir beim Hören und Singen von Taizé-Liedern ergangen. Diese schlichten Lieder, die in der von Frère Roger gegründeten Gemeinschaft von Taizé in Burgund entstanden sind, wurden eigens dazu entwickelt, um Raum zur Anbetung, zur Meditation und Kontemplation zu schaffen.

Das Geheimnis der Gesänge liegt in der Wiederholung: Sie werden so lange wiederholt, wie es nötig und richtig erscheint – mal laut, mal leise, mal mit Worten, dann aber auch summend ohne Worte. Dabei entfalten sie eine ungeahnte Kraft, geistliche Resonanz zu erzeugen. Sie trösten und stärken jeden Einzelnen, der sie mitsingt oder mithört, und sie stärken zugleich die geistliche Gemeinschaft untereinander. Was christliche Musikmeditation ist, wird an ihnen in besonderer Weise deutlich.

Unvergesslich sind mir Feiern der Osternacht, in denen der Gesang der Gemeinde im Wesentlichen auf Taizé-Lieder beschränkt war. Gerade dadurch wurde die Gegenwart des Auferstandenen mit dem Herzen, besser gesagt: mit dem Resonanzboden des Herzens, spürbar. Die Größe und Schönheit der österlichen Botschaft wurde durch das kontemplative Singen dieser Lieder eindrücklich zum Ausdruck gebracht.

Besonders dicht erlebte ich die Kraft dieser Musik auch auf der Beerdigung eines alten Pfarrkollegen, der sich gewünscht hatte, dass bei seiner Abschiedsfeier nichts anderes als Taizé-Lieder gesungen werden sollten. Wie heilsam und tröstlich wurde das von allen empfunden, die dabei waren: Die Trauer war von den wunderschönen Klängen erfüllt, der Abschied beschwingt und leicht, wir sangen Gott dankbar in unseren Herzen!

Biblische Grundlagen

Schon im Alten Testament wird von der Heilkraft der Musik berichtet, die einen kranken, cholerischen, depressiven Mann wieder gesund zu machen vermag. Das Harfenspiel Davids hilft dem verstörten König Saul aus seiner Düsternis und Bedrängnis. In 1. Samuel 16,14-23 heißt es:

> *Der Geist des HERRN hatte Saul verlassen. Stattdessen schickte Gott einen bösen Geist, der den König immer wieder überfiel und ihm Furcht und Schrecken einjagte. Eines Tages kamen einige Diener Sauls mit einem Vorschlag zu ihm: «Du weißt selbst, dass ein böser Geist, den Gott geschickt hat, dich quält», sagten sie. «Lass uns jemanden suchen, der gut auf der Laute spielen kann! Jedes Mal, wenn dieser böse Geist dich überfällt, wird der Mann seine Laute zur Hand nehmen und dir etwas vorspielen. Das wird dich beruhigen und aufmuntern. Du brauchst nur zu befehlen, dann handeln wir.»*
>
> *«Ja», antwortete Saul. «Sucht mir einen guten Lautenspieler und holt ihn an den Hof.» Einer der Männer sagte: «Ich denke da an einen jungen Mann, den ich einmal gesehen habe, einen Sohn von Isai aus Bethlehem. Er ist nicht nur ein ausgezeichneter Musiker, sondern auch mutig und kampferprobt. Er findet in jeder Situation das treffende Wort und sieht gut aus. Der HERR steht ihm bei.»*

Sofort sandte Saul Boten zu Isai und ließ ihm ausrichten: «Schick deinen Sohn David, den Schafhirten, zu mir an den Königshof!» Da schickte Isai seinen Sohn zu Saul und gab ihm Geschenke für den König mit: einen Esel, beladen mit Broten, einen Schlauch Wein und einen jungen Ziegenbock.

So kam David an Sauls Hof. Der König mochte ihn bald sehr gern und machte ihn zu seinem Waffenträger. Darum bat er Isai: «Lass doch David endgültig in meinen Dienst treten, denn ich hätte ihn sehr gerne bei mir am Königshof!»

Immer, wenn der böse Geist über Saul herfiel, griff David zur Laute und begann zu spielen. Und immer wieder brachte die Musik Saul Erleichterung. Er fühlte sich besser, und der böse Geist ließ ihn in Ruhe.

***

Im 2. Chronikbuch (Kapitel 5,2-14) wird ebenfalls von der Strahlkraft geistlicher Musik berichtet. Es geht dort um die Einweihung des Tempels in Jerusalem durch König Salomo, das ein epochemachendes Ereignis gewesen sein muss – ein fröhliches Fest, zu dem ganz Israel zusammenströmte. Endlich wurde der von langer Hand geplante und ersehnte Tempel eingeweiht und die Bundeslade mit den Zehn Geboten im Allerheiligsten des Tempels an einen würdigen Platz gestellt!

Auch die Sänger und Musiker aus dem Stamm Levi waren zu diesem feierlichen Anlass gekommen und hatten sich neben dem Altar aufgestellt. Eine vielstimmige Musik aus unzähligen Kehlen und Instrumenten erklang zum Lobe des Höchsten und zur Freude der Menschen. Und was das Schönste war (und was sich jeder Chorleiter von Herzen wünscht): All die vielen Stimmen vereinigten sich zu einem völlig ungetrübten, reinen, das ganze Gotteshaus erfüllenden Jubel: «Es war, als wäre es *einer*, der trompetete und sänge, als hörte man *eine* Stimme loben und danken dem HERRN» (Vers 13; LUT).

Schließlich erreichte die Feier ihren Höhepunkt: Der Herr gab Gnade zu diesem menschlichen Tun. Die leuchtende Wolke, die schon in der Wüste dem Volk Israel vorangegangen war und ihm den Weg gewiesen hatte, kam jetzt auf den Tempel herab. Es war unübersehbar: Die Herrlichkeit des Herrn – man könnte auch sagen: die «Lichtwucht Gottes»[30] – erfüllte das ganze Heiligtum, während auf so herrliche Weise gesungen und musiziert wurde.

J. S. Bach, ein eifriger Bibelleser, hat diese Bibelstelle aus 2. Chronik 5 mit größter Aufmerksamkeit studiert und sogar eigenhändig kommentiert. In seiner kostbaren Lutherbibel fand man am Rand neben dieser Bibelstelle eine handschriftliche Notiz: «Bei einer andächtigen Musik ist allezeit Gott mit seiner Gnaden Gegenwart.»[31]

Bach deutet damit an, dass die Musik – und zwar die andächtige Musik zur Ehre Gottes – für ihn einen sakramentalen Charakter hat. In der Musikmeditation ist Gott in seiner Gnade gegenwärtig, so wie er auch in der Wortverkündigung, in der Taufe und im Abendmahl gegenwärtig ist. In diesem Sinne ist die geistliche Musik ein hörbares und wirksames Zeichen der Liebe Gottes.

Wie die Musik Ketten sprengt ...

Im Neuen Testament finden wir einen eindrücklichen Text über die befreiende Macht der Musik in der Apostelgeschichte. Dort wird in Kapitel 16 berichtet, wie Paulus und Silas in Philippi als

Aufrührer verhaftet und brutal geschlagen werden. Sie landen schließlich in der innersten Zelle des Gefängnisses, werden wie Schwerverbrecher mit den Füßen in einen Holzblock gespannt und müssen damit rechnen, wegen ihres Glaubens verurteilt und hingerichtet zu werden. Sie sind in einer äußerlich gesehen völlig hoffnungslosen und stockfinsteren Lage. Dennoch beten sie inständig um Rettung und Befreiung.

Mitten in der Nacht nun geschieht etwas Ungewöhnliches: Ihr Gebet verwandelt sich in einen Lobgesang. Im Text heißt es: «Gegen Mitternacht beteten Paulus und Silas. Sie lobten Gott mit Liedern, und die übrigen Gefangenen hörten ihnen zu» (Vers 25).

Das ist eine ergreifende Szene: Die beiden Todgeweihten stimmen in der Stille der Nacht einen lauten Lobgesang an. Sie geben allein Gott die Ehre. Sie beten ihn an und verherrlichen ihn: Gloria – Ehre sei Gott in der Höhe und Friede auf Erden!

Der mitternächtliche Gesang der beiden Apostel ist beides zugleich: ein Protest gegen alle Mächte des Todes und ein Lobgesang auf den Ursprung des Lebens. Und dieser Lobgesang bleibt nicht ohne Wirkung. Die Resonanz ist gewaltig. Im Text heißt es: «Plötzlich bebte die Erde so heftig, dass das ganze Gefängnis bis in die Grundmauern erschüttert wurde; alle Türen sprangen auf, und die Ketten der Gefangenen fielen ab» (Vers 26).

Mitten in der Nacht wendet sich das Geschick der Gefangenen. Der heilige Gott erweist sich als der souveräne Herr über Leben und Tod. Er schafft einen neuen Ausweg ins Freie. Auf dieses Geschehen, so die Botschaft der Erzählung, dürfen wir antworten, indem wir in den Lobpreis der Apostel einstimmen und unserem Erlöser dankbar im Herzen singen und klingen.

In Kolosser 3,16 wird die Bedeutung des gesungenen Lobpreises ausdrücklich unterstrichen. Paulus ermuntert seine Gemeinde mit den Worten:

> *Lasst die Botschaft von Christus ihren ganzen Reichtum bei euch entfalten. Unterweist und ermahnt euch gegenseitig mit aller Weisheit und dankt Gott von ganzem Herzen mit Psalmen, Lobgesängen und Liedern, die euch Gottes Geist schenkt. Ihr habt doch Gottes Gnade erfahren!*

Die Parallelstelle dazu finden wir in Epheser 5,19-20:

> *Ermutigt einander durch Psalmen, Lobgesänge und Lieder, wie sie euch Gottes Geist schenkt. Singt für den Herrn und jubelt aus vollem Herzen! Im Namen unseres Herrn Jesus Christus dankt Gott, dem Vater, zu jeder Zeit und für alles!*

Hier wird deutlich, dass das gesprochene Wort allein nicht ausreicht, um dem Geist Gottes eine echte Wohnstatt in den Herzen der Gläubigen zu geben. Zu der Lehre, Ermahnung und Verkündigung im Gottesdienst braucht es immer auch die Musik!

Der gemeinsame Gesang von Hymnen und geistlichen Liedern erweitert die Aufnahmefähigkeit des Einzelnen und der Gemeinde für den Geist Christi, der uns tief in unserem Inneren anrühren und Frieden verschaffen will.

Schätze aus der christlichen Tradition

Im Jahr 2008 wurde im altehrwürdigen Kloster Heiligenkreuz bei Wien eine CD mit dem Titel *Chant – Music for Paradise* aufgenommen. Sie enthält nichts anderes als puren, 900 Jahre alten Zisterzienserchoral, gesungen von einer Gruppe der dort lebenden Mönche.

Die CD hatte völlig unerwartet einen riesigen Erfolg. Sie kam in England sofort unter die *Top Ten* der Pop-Charts. Sie führte weltweit in unzähligen Ländern über Monate die Hitlisten an. Insgesamt wurden mehr als 1,1 Millionen Exemplare verkauft.

Wie ist dieses erstaunliche Phänomen zu erklären? Offenbar kann der Klang des Gregorianischen Chorals, der in Kirchen und Klöstern seit 1600 Jahren ununterbrochen gesungen wird, noch heute Menschen berühren. Er hat eine meditative Ausstrahlung, die gleichermaßen fasziniert und beruhigt.

Das Besondere an dieser liturgischen Gesangsform sind die in weiten Atemzügen dahinfließenden Melodiebögen. Insgesamt unterscheidet sie sich stark von den Kirchenliedern, wie sie in unserem heutigen Gemeindegottesdienst üblich sind: Die Melodien werden einstimmig vorgetragen und besitzen einen freien Rhythmus, also keine Takte. Oft wird auf eine einzige Silbe eine reiche Folge von Tönen gesungen, um den Sinn des Textes besser zum Ausdruck zu bringen.

Die bis heute so eindrucksvollen Gesänge entstanden bereits im 4. Jahrhundert, als die Kirche nach jahrhundertelanger Verfolgung durch das Römische Reich endlich Freiheit erlangte und ihre Gottesdienste fortan öffentlich feiern konnte. Der Name *Gregorianischer Choral* geht auf Papst Gregor den Großen (gestorben 604) zurück, der die *Schola Cantorum*, einen Sängerchor für die musikalische Gestaltung der römischen Liturgie, einrichtete.

Es handelt sich beim Gregorianischen Choral um eine musikalische Form der Bibelmeditation – er ist eigentlich nichts anderes als «gesungene Bibel». Den Großteil des Chorgebetes nehmen die Psalmen ein, die nach verschiedenen Tönen rezitiert werden. Sie sind eingerahmt von längeren oder kürzeren Antiphonen (Kehrversen).

Der Faszination dieser uralten Gesangsform kann sich kaum jemand entziehen, denn in ihr steckt eine meditative Kraft, die aus der Einstimmigkeit, der archaischen Melodik und der freien Rhythmik entsteht. Allerdings braucht man Zeit, um sich in die Spiritualität des gesungenen Gebetes einzuhören. Erst nach längerem Hören und Wirkenlassen dieser Musik spürt man ihre heilsame Wirkung.

***

In der Ostkirche gibt es eine ähnliche Tradition, die auf dieselbe Wurzel wie der Gregorianische Choral zurückgeht. Es ist der heilige Chorgesang im Gottesdienst der orthodoxen Kirche. In der griechischen Tradition ist er einstimmig, in der russischen Tradition mehrstimmig.

Der Gesang wird durch keinerlei Musikinstrumente unterstützt, er lebt ganz von den Stimmen der Gläubigen. Vom Ursprung her wird er verstanden als Einstimmen in den ewigen Lobpreis des Himmels.

Vereint mit allen Engeln und Heiligen wird Gottes Herrlichkeit und Liebe besungen. Seine Barmherzigkeit wird erfleht und gepriesen. Wer diese Musik hörend meditiert, wird hineingenommen in einen Raum, der unsere gewöhnliche Welterfahrung weit übersteigt. Er spürt und verkostet den «Frieden, der höher ist als alle Vernunft» (Philipper 4,7; LUT).

Auch im Chorgesang der orthodoxen Kirche gibt es die acht Kirchentonarten, genannt «Kirchentöne». In ihnen wurden seit jeher heilsame Kräfte gespürt und erlebt. In der Überlieferung wird dementsprechend jeder Kirchentonart ein eigener Charakter zugeschrieben:

> *Der erste Ton … wurde mit der Sonne verglichen, und man sagte, dass er die Faulheit, Trägheit, den Schlaf, die Trauer und die Verwirrung vertreibt.*
>
> *Der zweite Ton ist mit Sanftmut und Frömmigkeit erfüllt, er tröstet die Trauernden und verjagt die finsteren Gedanken.*
>
> *Der dritte Ton ist stürmisch. Er ist wie das Meer bei Unwetter und gibt Anstoß zu geistlichem Tun.*
>
> *Der vierte Ton hat eine doppelte Wirkung: auf der einen Seite ruft er Freude hervor, auf der anderen Trauer. Mit den ruhigen und sanften Übergängen der Töne bietet er der Seele Ruhe, flößt das Streben nach Höherem ein und drückt am treffendsten die Wirkung der Gnade Gottes auf uns aus.*
>
> *Der fünfte Ton beruhigt die Aufregungen der Seele, er eignet sich für das Beweinen der Sünden.*
>
> *Der sechste Ton erweckt fromme Gefühle, Hingabe, Menschlichkeit und Liebe.*
>
> *Der siebente Ton ist sanft, ergreifend, ermahnend. Er überzeugt zärtlich und bittet um Erbarmen.*
>
> *Der achte Ton drückt den Glauben an das künftige Leben aus, betrachtet die himmlischen Geheimnisse und bittet um Glückseligkeit.*[32]

Martin Luther und die Musik

Beim Ausgang des westlichen Mittelalters ist es besonders Martin Luther, der die heilsame Kraft des Gemeindegesangs und der Kirchenmusik neu entdeckt. Für Luther ist die therapeutisch-seelsorgerliche Dimension dieser Musik wichtig.

Er sagt:

Die Musik ist die beste Gottesgabe. Sie ist das größte, ja wahrhaft ein göttliches Geschenk und deshalb dem Satan völlig zuwider. Durch sie werden viele und große Anfechtungen verjagt. Musik ist der beste Trost für einen verstörten Menschen, auch wenn er nur ein wenig zu singen vermag. Sie ist eine Lehrmeisterin, die die Leute gelinder, sanftmütiger, vernünftiger macht.[33]

Luther nimmt hier Einsichten der modernen Musiktherapie und Neurologie vorweg. Singen wird heute zunehmend für therapeutische Zwecke entdeckt, und es werden damit erstaunliche Erfolge erzielt.

Eigentlich muss man sich wundern, warum nicht viel mehr Menschen – quasi vorbeugend – in unseren Chören singen! Auch wer kein guter Musiker ist, sollte sich trotzdem ermutigen lassen, ab und zu ein Lied anzustimmen. Denn Singen tut ganz offensichtlich gut!

Luther drückt es pointiert aus:

Nichts auf Erden ist kräftiger, die Traurigen fröhlich, die Verzagten herzhaftig zu machen, die Hoffärtigen zur Demut zu reizen, die hitzige und übermäßige Liebe zu stillen und zu dämpfen, den Neid und den Hass zu mindern und alle Bewegungen des Gemütes im Zaum zu halten und zu regieren. Nichts, sage ich, nichts ist kräftiger denn die Musik.[34]

Es ist eine historische Tatsache, dass der Siegeszug der Reformation im 16. Jahrhundert auch und vor allem durch die vom Volk gesungenen Lieder gebahnt wurde. Die Reformation war eine «Singe-Bewegung». Sie hat eine Resonanz erzeugt, die die Grundfesten der hierarchisch gegliederten mittelalterlichen Welt erschütterte.

Heilsame Erfahrungen

Wie stark und wie heilsam der Schatz an geistlichen Liedern und geistlicher Musik sein kann, wenn er nicht nur mit den Ohren, sondern auch mit dem Herzen gehört wird, soll an einigen Beispielen verdeutlicht werden.

Christoph Oetinger

Das erste Beispiel ist einer der scharfsinnigsten und gelehrtesten Männer des 18. Jahrhunderts: der schwäbische Naturforscher und Theologe Friedrich Christoph Oetinger. Er wurde 1702 als Sohn eines Stadtschreibers in Göppingen geboren.

Schon als kleiner Junge von sieben Jahren hatte er eine tiefe Gotteserfahrung. Gemäß frommer Familiensitte musste er jeden Abend vor dem Einschlafen einen ganzen Kranz von Liedern singen und beten. Das siebenjährige Kind, ob der langweiligen Aufsagerei ungeduldig geworden, dachte bei sich selbst:

> *Wenn ich nur wüsste, was ich betete. Ich kam an das Lied «Schwing dich auf zu deinem Gott, du betrübte Seele». Nichts von Betrübnis wissend, wurde ich heftig angetrieben,*

zu verstehen, was es sei, «sich zu Gott aufzuschwingen». Ich bemühte mich inwendig darum vor Gott, und siehe, da fand ich mich aufgeschwungen in Gott. Ich betete mein Lied ganz aus; da war kein Wort, welches nicht ein klares Licht in meiner Seele zurückließ.[35]

Oetinger studierte dann als junger Mann das verfügbare Wissen der damaligen Zeit mit großer Energie und wissenschaftlicher Neugier. Aus seinen Einsichten brachte er naturphilosophische und theologische Meisterwerke hervor. Die Meditation eines schlichten Chorals hatte ihn schon als Kind innerlich erleuchtet und berufen!

Johannes Brahms

Ein Jahrhundert später war es der Komponist Johannes Brahms, der mit dem *Deutschen Requiem* ein Meisterwerk der geistlichen Musik erschuf.

Ursprünglich ist ein musikalisches Requiem eine liturgisch strenge und inhaltlich todernste Musik für die Totenmesse, die zur Erinnerung und zum Heil eines Verstorbenen in einer katholischen Kirche abgehalten wird. Es geht darin um die Schrecken des Jüngsten Gerichts und die Bitte um Gnade und Erbarmen für die Seele des Toten.

Der im evangelisch-lutherischen Hamburg groß gewordene Brahms orientierte sich jedoch als erster Komponist bei der Auswahl seiner Texte nicht am traditionellen Kanon des Requiems, sondern wählte aus dem Alten und Neuen Testament in der Fassung der Lutherbibel vor allem solche Passagen aus, in denen die Tröstung der Hinterbliebenen im Mittelpunkt steht. Brahms gestaltete sein Deutsches Requiem also nicht als Trauermusik, sondern zum Trost derer, «die da Leid tragen». Seine Komposition ist Musik für die Lebenden und nicht für die Toten – eine von Ernst, Würde und Zuversicht durchdrungene Musik für alle, die offen sind für die heilende Kraft der Musikmeditation.

Schon Clara Schumann, die Frau des berühmten Komponisten Robert Schumann, schrieb in einem Brief an Johannes Brahms, nachdem sie die Noten des 6. und 7. Satzes von ihm erhalten hatte:

> *Zu erzählen gibt es hier wenig, aber sagen muss ich Dir noch, dass ich ganz und gar erfüllt bin von Deinem Requiem, es ist ein ganz gewaltiges Stück, ergreift den ganzen Menschen in einer Weise wie wenig anderes. Der tiefe Ernst, vereint mit allem Zauber der Poesie, wirkt wunderbar, erschütternd und besänftigend. Ich kann's, wie Du ja weißt, nie so recht in Worte fassen, aber ich empfinde den ganzen reichen Schatz dieses Werkes bis ins Innerste, und die Begeisterung, die aus jedem Stücke spricht, rührt mich tief, daher ich mich auch nicht enthalten kann es auszusprechen. … Ach könnte ich es hören, was gäb ich wohl darum.*[36]

Von vielen meiner Zeitgenossen habe ich erfahren, dass genau diese Musik immer noch eine heilende Kraft besitzt und sie besonders in Zeiten der Trauer aufzurichten vermag.

So erinnere ich mich an die Leiterin eines Studentenheims, in dem ich als junger Student wohnte, die schon früh ihren geliebten Mann durch einen plötzlichen Tod verloren hatte. Jedes Jahr am Ewigkeitssonntag Ende November lud sie alle

Studierenden in den großen Saal des Wohnheims ein, bewirtete sie liebevoll und ermutigte sie zum gemeinsamen Hören des Deutschen Requiems. Dabei sagte sie regelmäßig: «Diese Musik hat mich gerettet. Sie war und ist das Einzige, was mich in meinem Lebensschicksal immer wieder neu erleuchtet und tröstet.»

Der Mond ist aufgegangen ...

Eine ganz besondere Erfahrung der heilenden Kraft geistlicher Musik konnten wir übrigens im Corona-Jahr 2020 machen.

Als Mitte März jenes Jahres ein allgemeiner Lockdown das Leben lahmlegte, lud die Evangelische Kirche in Deutschland jeden Abend um 19 Uhr dazu ein, gemeinsam «Der Mond ist aufgegangen» zu singen oder zu musizieren – jeder und jede auf dem eigenen Balkon, am Fenster oder im Garten. Dieses starke Zeichen der Ermutigung hatten in der Corona-Krise zunächst die Menschen in Italien gesetzt, vielerorts folgten dann ähnliche Initiativen diesem Vorbild.

Bei offenem Fenster ein geistliches Abendlied in die Stille hinein anzustimmen und zu hören, wie viele andere Menschen dasselbe Lied ebenfalls singen, war berührend und stärkend zugleich!

Übungen

Auch bei der Musikmeditation hast du verschiedene Möglichkeiten. Im Folgenden stelle ich dir drei Varianten vor, die ich als besonders hilfreich erlebt habe.

Nur Hören – sonst nichts!

Führe die folgende Übung in irgendeiner beliebigen entspannten Lage durch:

Versuche, einfach nur zu hören!
Solange du daran denkst, wer da musiziert
oder was da gespielt wird, geschieht nichts.
Du musst von der Musik umströmt werden,
um dich dann von ihr durchdringen zu lassen.
Sie entsteht schließlich in dir, ist nichts Äußeres mehr.
Musik ist mehr als eine Abfolge
von akustischen Schwingungen;
obwohl die Klangquelle «draußen» bleibt,
entsteht die Schönheit und Kraft der Musik
tatsächlich erst in uns.

Wenn du erfühlst, wie die Musik in dir entsteht und dich umfasst, gehe zur zweiten Phase über:

Spiele dein gewähltes Musikstück mehrmals ab.
Lege dich dabei auf den Rücken,
ein Kissen stützt den Kopf oder den Nacken,
die Arme liegen locker zur Seite,

die Handflächen weisen nach unten.
Nun lässt du die Musik kommen,
bleibe dabei ganz passiv und empfänglich.

Wenn die Musik dich so durchströmt,
dass du sie nicht mehr bewusst wahrnimmst,
beginnen vermutlich innere Bilder zu entstehen,
zuerst nur flüchtig und blass, im weiteren Verlauf
(vielleicht nach zwei oder drei Wochen täglichen Übens)
lebhaft, plastisch, farbig.

Nun kannst du deine Eindrücke und inneren Bilder festhalten,
indem du sie aufschreibst oder aufmalst.
Dann darfst du sie in Dank und Lobpreis
zurückgeben zur ewigen Quelle,
aus der dir das alles geschenkt wurde.

Sich frei bewegen zur Musik

Nimm dir Zeit für das meditative Hören
einer geistlichen Musik,
die du liebst oder von der du ahnst, dass sie dir guttun wird.
Nachdem du dich eine Weile in die Musik «hineingehört» hast,
fange an, dich zu den Rhythmen und Melodien dieser Musik
immer freier und mutiger zu bewegen,
in eigener freier Weise «tanzend».
Versuche, dich selbst dabei allmählich zu vergessen,
lass dich los und gib dich ganz der Musik hin.
Bezieh dich selbst ein in die Klangwelt
und spüre die heilsame Resonanz, die in dir erzeugt wird.

Wiederhole diese Übung an wenigstens drei Tagen hintereinander …

Setze dich dann ganz entspannt hin.
Höre die Musikpassage,
zu der du an den Vortagen «getanzt» hast,
noch einmal bewusst an.
Versuche jetzt aber, die Gefühle und Bilder,
die du beim Zuhören hast,
zu objektivieren, sie zu bestimmen.

Wiederhole auch diese Übung mindestens drei Tage lang …

Setze dich nun wieder ganz entspannt hin.
Höre noch einmal dieselbe Musik
und schreibe dann deine Eindrücke, Stimmungen,
Gefühle und Bilder auf.
Noch besser könnte es sein,
sie einem anderen nahestehenden Menschen
in einem Gespräch zu erzählen und zu erklären.
Dafür ist es natürlich gut, wenn der Partner oder die Partnerin
die Musik ebenfalls gehört und erlebt hat.

Nun bündele deine Erfahrungen in einem Gebet,
das deinen Dank für das Empfangene zum Ausdruck bringt.
Bitte um einen heilsamen «Nachklang» in dem,
was in nächster Zeit auf dich zukommen wird.
Spüre, wie du aufgehoben bist in der großen Symphonie
von Gottes herrlicher Schöpfung im Himmel und auf Erden,
und schließe mit einem persönlichen Lobpreis.

Singe dein Lied!

Versuche dich zu erinnern, welches geistliche Lied dich in letzter Zeit in besonderer Weise angesprochen und angerührt hat. Wähle dieses Lied für eine gewisse Zeit als «dein Lied» aus:

Komme nun in deiner stillen Zeit
oder auch im Alltag deiner Arbeit
immer wieder auf dieses Lied zurück.
Singe es, wie der Apostel sagt, «in deinem Herzen»,
bis es so in dir klingt, dass du ganz davon ergriffen bist.

Singe es auch immer wieder laut,
mutig und mit starkem Ausdruck in deiner Stimme.
Singe es, wenn es sich ergibt, mit anderen zusammen.
Dann wird dir das Lied zum Gebet werden,
das dich tröstet, ermutigt und «be-geistert».

«Wer singt, betet doppelt», sagt Augustinus.
Die Wahrheit dieses Satzes wird dir immer mehr einleuchten
und dich mit tiefer Freude erfüllen.

KAPITEL 5

Bilder schauen

Bildmeditation

**Lasst uns aufsehen zu Jesus,
dem Anfänger und Vollender des Glaubens!**
Hebräer 12,2 (LUT)

Manchmal brauche ich einen Blickwechsel,
weg vom gebannten Schauen auf mich selbst
hin zu Gott, zu Christus, zum Heiligen Geist.

Dann helfen mir Bilder und Kunstwerke,
die eine biblische Wahrheit darstellen,
die wie Ikonen das «Fenster zum Himmel» aufstoßen
und mich einen Blick in die göttliche Welt erhaschen lassen.
Wenn ich still und andächtig davor verweile
und nicht mit dem Verstand, sondern mit dem Herzen
so lange offen und absichtslos darauf schaue,
bis das Bild zu mir spricht, mich berührt und bewegt,
dann können neuer Glaube, neue Liebe
und neue Hoffnung in mir entstehen.

Ich kann den Blick auch von allen äußeren Eindrücken lösen,
um innere Bilder des Glaubens zu schauen
und auf unverfügbare Weise in meiner Fantasie zu empfangen,
was sich mir von Gott her offenbaren will.

Lasst uns aufsehen zu Jesus,
dem Anfänger und Vollender des Glaubens!
Hebräer 12,2 (LUT)

Weihnachten stand vor der Tür. Meine Frau und ich überlegten, ob wir an Heiligabend mit unseren drei kleinen Kindern in den völlig überfüllten und lauten Familiengottesdienst in die kleine Bergkirche gehen sollten oder nicht.

Schließlich hatten die Kinder die zündende Idee: Können wir nicht einfach den Weihnachtsgottesdienst bei uns zu Hause feiern? Wäre das nicht am schönsten?

Ich hatte kurz zuvor die Meditationsform der «Gelenkten Fantasie» kennengelernt und fragte die Kinder, ob sie in Gedanken eine Reise in den Stall von Bethlehem unternehmen wollten. Die Begeisterung war groß.

Also zündeten wir die Kerzen im Wohnzimmer an, sangen so viele Weihnachtslieder, wie die Kinder kannten, hörten die biblische Weihnachtsgeschichte und legten uns dann in warme, weiche Decken gehüllt auf den Boden. Alle schlossen die Augen.

Ich sprach einen Text zur Entspannung von Leib und Seele. Meine Frau und die Kinder folgten meinen Worten, und es wurde ganz still.

Dann ging es los: Alle sollten sich vorstellen, wie sie sich auf den langen und mühsamen Weg nach Bethlehem machen und schließlich zu nächtlicher Stunde dort ankommen. Ich malte mit Worten aus, wie es wohl im Stall und an der Krippe aussah, und lud meine Familie ein, das kleine Kind zu betrachten, in dem Gott zu uns gekommen war.

Nach einer Weile sollten alle in ihrer Fantasie die Hände öffnen, weil vom neugeborenen Kind her ein göttliches Geschenk in sie hineingelegt werden sollte. In meditativer Stille warteten wir ab, bis sich in unserer Vorstellung herauskristallisiert hatte, welche Gabe es jeweils war.

In Gedanken machten wir uns zu guter Letzt wieder auf die Rückreise. Anschließend durfte jeder aussprechen, was er gesehen und gespürt hatte. Es waren wunderbare, sehr persönliche Dinge, die uns in dieser einfachen Bildmeditation geschenkt wurden.

Wir alle, vorneweg die Kinder, waren glücklich. Es war Weihnachten geworden, weil wir unser inneres Fenster geöffnet hatten, bereit zum Empfang heilsamer Bilder und Eindrücke!

(Falls du dies auch einmal ausprobieren möchtest, findest du den Text der Weihnachtsmeditation am Ende des Kapitels bei den *Übungen* abgedruckt.)

***

Eine ganz andere Erfahrung im Zusammenhang mit der Meditation heiliger Bilder machte ich einmal als junger Seelsorger im Krankenhaus. Ich besuchte einen todkranken Mann, der schwerste Schmerzen auszuhalten hatte. Aber er ertrug sie, wie mir auch die Schwestern in der Klinik später bestätigten, mit einer beeindruckenden seelischen Kraft und Würde.

Wir redeten und beteten miteinander. Nach einiger Zeit merkte ich plötzlich, woher er seine erstaunliche Geduld im Leiden bezog: Am Fußende seines Bettes hing ein kleines Bild vom Isenheimer Altar des Malers Matthias Grünewald, das den gekreuzigten Christus in seiner Todesnot zeigte. Im Anblick dieses Bildes fand jener Mann, was er in Wahrheit brauchte.

Er hätte mit Paul Gerhardt singen und sagen können:

Wenn ich einmal soll scheiden,
so scheide nicht von mir,
wenn ich den Tod soll leiden,
so tritt du dann herfür;
wenn mir am allerbängsten
wird um das Herze sein,
so reiß mich aus den Ängsten
kraft deiner Angst und Pein.[37]

Das Aufsehen auf Jesus, den Anfänger und Vollender seines Glaubens, gab ihm Kraft und Trost. Er wusste: Jesus leidet mit ihm, ist bei ihm in tiefster Qual und finsterer Not.

***

Ich selbst habe immer einen besonderen Frieden empfunden, wenn ich auf einer Kunstpostkarte die berühmte Nussbaumholz-Skulptur aus dem Kloster Heiligkreuztal betrachtet habe. Es ist das Werk eines unbekannten Künstlers aus dem 14. Jahrhundert, das Jesus und seinen Lieblingsjünger Johannes darstellt.[38]

Beide Figuren tragen mit Goldborten reich verzierte farbige Gewänder. Johannes ist etwas kleiner gestaltet, er hat seinen Kopf auf Jesu Brust gelegt und ruht am Herzen seines Meisters. Der Jünger hat augenscheinlich seinen inneren Frieden gefunden, sein leicht geöffneter Blick ist in sich gekehrt. Jesus hält ihn sanft umfasst und bringt so ein ergreifendes Gefühl der Geborgenheit und der Zusammengehörigkeit zum Ausdruck. Sogar die Falten ihrer Gewänder verlaufen im gleichen

Schwung und Rhythmus, was die Verbundenheit der beiden noch unterstreicht.

Mittelalterliche Skulpturen dieser Art werden oft als *Johannesminne* bezeichnet. Sie leiten sich von der Schilderung des letzten Abendmahls durch den Evangelisten Johannes ab, wonach Johannes «an der Brust Jesu lag» (Johannes 13,23). Besonders beliebt waren solche Darstellungen in Klöstern. Die angedeutete Nähe zwischen Johannes und Christus sollte sich auf die Mönche und Nonnen übertragen und zur Meditation anregen. Diese Anregung ist wirkmächtig bis heute, wie ich aus eigener Erfahrung bestätigen kann.

Beim Betrachten einer solchen Abbildung kann ich mir die Frage stellen: Was wäre, wenn ich es wagte, mich an die Stelle des Johannes zu denken? Wir dürfen der gelenkten Fantasie folgen: Ich an der Stelle jenes Lieblingsjüngers … auf Augenhöhe mit Jesus, mit seiner Hand auf meiner Schulter, wenn ich sie brauche.

Ich werde in der Gewissheit gestärkt: Jesus hält zu mir. Er ist da, auch wenn ich es nicht immer spüre. Da ist seine Zusage: «Ich bin bei euch alle Tage.» Christus stärkt mir den Rücken, damit ich leben kann. Und ich lebe am lebendigsten, wenn ich mir meine Verbundenheit mit ihm meditativ vergegenwärtige.

Biblische Grundlagen

Im Alten Testament wird betont, wie frevelhaft es ist, sich ein Bildnis vom lebendigen Gott anzufertigen. Es gilt das Bilderverbot: Die Verehrung heiliger Bilder und Figuren wird als Götzendienst abgelehnt. Wer glaubt, den Allmächtigen in einem Bild fassen zu können, der lästert Gott und sündigt schwer.

In den Zehn Geboten heißt es:

> *Fertige dir keine Götzenstatue an, auch kein Abbild von irgendetwas am Himmel, auf der Erde oder im Meer. Wirf dich nicht vor solchen Götterfiguren nieder, bring ihnen keine Opfer dar! Denn ich bin der* HERR, *dein Gott.*
>
> 2. MOSE 20,4-5

Der Gott Israels ist unermesslich, er ist unfassbar groß und heilig. Er übersteigt alle menschlichen Bilder und Gleichnisse, alle Vorstellungen und Imaginationen.

Und dennoch wird im Alten Testament an entscheidenden Stellen immer wieder zum Schauen aufgerufen. *«Hinné!»* (zu Deutsch: «Schau hin!»), so heißt es jedes Mal im hebräischen Text, wenn sich von Gott her etwas von besonderer Bedeutung auftut.

Der Blick soll sich vom Vorfindlichen lösen, nicht nur auf den Boden gerichtet sein, um das Naheliegende zu sehen und zu tun. Er soll sich im entscheidenden Moment erheben zu dem, was sich vom Himmel her, von der Zukunft Gottes her zeigt.

Alle großen Verheißungen und Visionen der Bibel beginnen mit dieser Aufforderung. Sie ermutigt uns dazu, innezuhalten, aufzublicken und staunend zu verweilen bei dem, was sich dem Auge des Herzens darbietet.

***

Im Neuen Testament wird dann berichtet, wie Gott aus dem Bereich höchster Transzendenz und völliger Unsichtbarkeit hinabsteigt ins Irdische, Sichtbare, Greifbare. In seinem Sohn Jesus Christus wird er ein Mensch aus Fleisch und Blut.

In Jesus haben die Jüngerinnen und Jünger, haben alle, die es mit ihm zu tun bekamen, eine konkrete Gestalt des ursprünglich bildlosen und unsichtbaren Gottes geschaut. Jesus ist das unverfälschte «Ebenbild Gottes» (2. Korinther 4,4; Kolosser 1,15).

Schon der greise Simeon im Tempel sagt, als er das neugeborene Kind in den Armen der Maria erblickt: «Herr, du hast dein Wort gehalten, jetzt kann ich, dein Diener, in Frieden sterben. Ich habe es mit eigenen Augen gesehen: Du hast uns Rettung gebracht, die ganze Welt wird es erfahren» (Lukas 2,29-31).

«Kommt und seht!», fordert Jesus seine ersten Jünger im Johannesevangelium auf (Johannes 1,39; LUT). Im Markusevangelium wählt Jesus die erstaunliche Formulierung: «Seht, was ihr hört!» (Markus 4,24; so die wörtliche Übersetzung aus dem griechischen Grundtext).

Am deutlichsten wird zur inneren Bildmeditation im Hebräerbrief aufgerufen. Dort heißt es: «Lasst uns aufsehen zu Jesus, dem Anfänger und Vollender des Glaubens!» (Hebräer 12,2; LUT).

Der Blick auf Jesus, den Gekreuzigten und Auferstandenen, hilft aus Angst, Schuld und Not. Der Blick auf Jesus rettet, weil in ihm der Glaube gründet und auch vollendet wird.

Die Ich-bin-Worte Jesu

Im Johannesevangelium ist es Christus selbst, der sich den Seinen in bildhaften Symbolen vorstellt. Die sogenannten Ich-bin-Worte Jesu laden zur stillen Betrachtung und Meditation ein, denn in ihnen zeigt sich der Friede Christi in siebenfacher Hinsicht:

1. «Ich bin das Brot des Lebens.» (Johannes 6,35)

Wer über das Symbol des Brotes nachdenkt, ahnt etwas von der tiefen Hingabe und Liebe Jesu. Christus opfert sich auf wie die Körner des Getreides, die zermahlen und als Mehl zu Brot gebacken werden, um andere zu nähren und zu stärken.

Dieses Symbol lässt uns unseren eigenen Hunger nach Leben, nach Liebe, Anerkennung und Glück spüren. Wir dürfen uns eingestehen, wie bedürftig und hungrig unsere Seele ist. Wir wenden uns Christus zu und sehen mit dem Auge des Herzens, dass er all unseren Lebenshunger zu stillen vermag.

2. «Ich bin das Licht der Welt.» (Johannes 8,12; LUT)

Wer über diesen Satz meditiert, ahnt etwas von der Erlöserkraft Jesu, die jegliche Finsternis überwindet.

So wie das Licht einer Kerze die Dunkelheit durchbricht, wie das Licht der Sonne Leben und Wachstum schenkt, wie das Licht des Feuers wärmt und das Licht eines Leuchtturms Orientierung gibt, so erleuchtet uns Christus, lässt uns wachsen und reifen, erwärmt unser Herz und gibt uns Orientierung im unwegsamen Gelände.

3. «Ich bin die Tür.» (Johannes 10,7.9; LUT)

Wer dieses Bild mit dem Auge des Herzens betrachtet, sieht den Ausgang aus Unfrieden und Ungerechtigkeit, aus Verschlossenheit und Angst. Er spürt, wie Christus die Pforten öffnet für eine andere Welt.

In dieser «göttlichen» Welt können wir aufatmen, dürfen wir Liebe und Erbarmen aufnehmen, so viel wir wollen, um dann wieder zurückzukehren in unsere alltägliche Welt, in der wir Verantwortung zu tragen haben.

Wir können täglich bei Gott ein- und ausgehen. Was für eine befreiende Perspektive!

4. «Ich bin der gute Hirte.» (Johannes 10,11.14)

Nicht von ungefähr hing in früheren Zeiten im Schlafzimmer gläubiger Christen über dem Bett häufig ein Bild des Guten Hirten. Dieses Bild erinnert uns daran, dass Christus uns auch in schwierigen Zeiten beschützt und behütet, versorgt und heilt, auf dem rechten Weg führt und unseren Lebensdurst stillt.

Der Psalm 23 – ein Lobpreis auf den ewigen Guten Hirten – ist deshalb so bekannt und beliebt, weil er ein einfaches und eindrückliches Bilderpanorama vor dem geistigen Auge erstehen lässt, das uns zusagt: «Gutes und Barmherzigkeit werden mir folgen mein Leben lang» (Psalm 23,6; LUT).

5. «Ich bin die Auferstehung und das Leben.» (Johannes 11,25; LUT)

Das Bild des auferstandenen Christus oder bereits die Vorstellung des aufgesprengten Felsengrabs Jesu verdienen es, in Ruhe und Stille bedacht zu werden.

Der Sieg Jesu über Sünde und Tod und sein Eingang in die ewige Lebendigkeit können auf diese Weise mit dem Herzen geschaut und im wahrsten Sinne des Wortes «beherzigt» werden.

Wir können den auferstandenen Christus gleichsam atmend in uns aufnehmen und seinen lebensschaffenden Atem in uns spüren.

6. «Ich bin der Weg.» (Johannes 14,6)

Das Bild vom Weg ist für unsere Fantasie der erste Schritt, um tatsächlich den rechten Weg hin zur Wahrheit und zum Leben einzuschlagen. Wer darüber meditiert, wird bereit zum Aufbruch und Neubeginn.

Wir dürfen losgehen in der Nachfolge Christi. Wenn wir uns an seinen Weg halten, gewinnen wir Mut und langen Atem für das, was uns aufgetragen ist.

7. «Ich bin der Weinstock.» (Johannes 15,5)

Jesus sagt: «Ich bin der Weinstock; ihr seid die Reben. Wer in mir bleibt und ich in ihm, der bringt viel Frucht, denn ohne mich könnt ihr nichts tun» (Johannes 15,5; LUT).

Das innere Verweilen vor dem Symbol des Weinstocks und der Rebe zeigt unsere Verbundenheit mit und unser Angewiesensein auf Christus. Es macht klar: Wir selbst sind nicht der Weinstock und auch nicht die Frucht. Wir haben eine «Zwischenexistenz» – als Reben sind wir durchlässig für den Lebenssaft und die Lebenskraft, welche von Christus herkommen.

Die Bibel fordert uns also nicht nur zum aktiven Schauen auf – sie bietet auch selbst reichlich «Anschauungsmaterial», über das wir betend und meditierend nachsinnen können.

Schätze aus der christlichen Tradition

Ein besonderer Hort der geistlichen Bildmeditation findet sich in der Ikonenverehrung der Ostkirchen.

Im frühen Mittelalter gab es innerhalb der Kirche heftige Diskussionen darüber, ob der Gebrauch von Ikonen legitim und mit dem alttestamentlichen Bilderverbot vereinbar sei. Im 8. Jahrhundert wurde dieser Kampf schließlich zugunsten der Ikonenverehrung entschieden und mit dem Zweiten Konzil von Nicäa beigelegt.

Begründet wurde dies mit der Inkarnation: Weil Gott in Jesus Christus Mensch geworden ist und eine sichtbare Gestalt angenommen hat, darum dürfen wir dieses Geschenk eben auch annehmen und Christus bildlich darstellen. Diese Auffassung hat sich vor allem in den Ostkirchen durchgesetzt und zu einer langen Tradition der Ikonenverehrung geführt.

Wichtig dabei ist: Ikonen sind keine Objekte, die angebetet werden, sondern sie sind gleichsam «Fenster zum Himmel», die uns den Blick in die göttliche Welt eröffnen. Auch wir können großen geistlichen Gewinn daraus ziehen, selbst wenn uns dies als evangelischen Christen vielleicht erst einmal ungewohnt erscheinen mag.

Besonders den Christusikonen, die Christus als Weltenherrscher *(Pantokrator)* zeigen, kommt dabei ein hoher Stellenwert zu. Wer lange vor einer solchen Christusikone verweilt, spürt mit der Zeit, wie er von Christus, dem Herrn und Erlöser der Welt, mit packender Eindringlichkeit angeschaut wird.

Die ostkirchlichen Theologen empfehlen, in ehrfurchtsvoller Haltung vor der Ikone stehen zu bleiben und abzuwarten, bis sie uns anspricht und wir ihre Anrede vernehmen können. Oft gelte es, lange auszuharren, denn die Entfernung von uns zu ihr sei groß. Erst wenn der «Sturm der Gedanken» nachlässt und sich mit göttlicher Gnade das «innere Auge» öffnet, wenn der Betrachter sozusagen im Bild dem Bildlosen begegnet, könne das Heilvolle geschehen: eine Umwandlung von Herz und Sinn.

«Ich sah das menschliche Antlitz Gottes und meine Seele wurde geheilt», sagte der Kirchenvater Johannes von Damaskus (ca. 650-750) nach einer solchen Erfahrung.[39]

***

Ein begnadeter Maler des Evangeliums war im protestantischen Bereich der niederländische Künstler Rembrandt van Rijn, der es verstand, sich meditativ in biblische Geschichten hineinzudenken und hineinzufühlen.

Daraus entstanden großartige Bilder, die den Betrachter einladen, sich als Teilnehmer am biblischen Geschehen zu verstehen und in dem faszinierenden Wechselspiel von Licht und Dunkel die Heilsbotschaft Gottes zu erkennen.

Berühmte Gemälde wie etwa *Die Heimkehr des verlorenen Sohnes* oder *Simeon im Tempel* sind echte «Meditationsbilder»: Sie erschließen sich erst, wenn wir uns Zeit für sie nehmen, auf die kleinen Details in diesen Bildern achten und sie zugleich als Ganzes auf uns wirken lassen.

Dann erscheinen sie als eine Art Gruß des Himmels an uns, als göttliche Botschafter, die uns ansprechen und tiefe geistliche Wahrheiten vermitteln können.

Heilsame Erfahrungen

Stellvertretend für viele heilsame Erfahrungen mit der Bildmeditation möge das Zeugnis von Niklaus von Flüe (1417-1487), dem Nationalheiligen der Schweiz, stehen.

Von ihm ist ein selbst entworfenes Meditationsbild überliefert, das einem Rad mit sechs Speichen ähnelt.[40] Drei Speichen führen von der Radmitte nach außen, die anderen drei vom äußeren Kreis ins Zentrum.

Durch diese einfache geometrische Skizze hat Niklaus von Flüe ein tieferes Gottesverständnis gewonnen. Er sagte, dieses Bild sei sein «Buch», in dem er die Lehre von der ungeteilten Gottheit «lerne und suche».[41]

Im sogenannten *Pilgertraktat* berichtet ein unbekannter Zeitgenosse über ein Gespräch mit dem Heiligen, in dem dieser ihm sein Andachtsbild erklärte:

> *Und er fing an und sagte zu mir: Siehst du diese Figur? So ist das göttliche Wesen. Der Mittelpunkt ist die ungeteilte Gottheit, darin sich alle Heiligen erfreuen. Die drei Spitzen, die zum Punkt des inneren Zirkels führen, sind die drei Personen; sie gehen von der einigen Gottheit aus und haben umgriffen den Himmel und alle Welt, die sind in ihrer Gewalt. Und wie sie von der göttlichen Gewalt ausgehen, so führen sie wieder hinein und sind unteilbar in ewiger Macht. Das bedeutet diese Figur.*[42]

Wer dieses Bild lange Zeit in der Stille betrachtet, spürt etwas von der gewaltigen Dynamik des dreieinigen Gottes, an den wir glauben. Gott ist nichts anderes als unendliche heilige Liebe, die nach außen strömt, die Welt erschafft und umfasst, und dann wieder nach innen strömt, um die Welt zu erlösen und mit sich zu vereinen.

Wir sollen und dürfen in diese Dynamik hineinkommen, als Menschen, die bei Gott ein- und ausgehen. Bei ihm, im Mittelpunkt seiner Liebe, dürfen wir immer Zuflucht suchen. Und wenn wir mit dieser Liebe in Berührung gekommen sind, wirft sie uns wieder zurück in unsere Welt, in unseren Alltag. Sie entlässt uns gestärkt in unsere Verantwortung, nämlich Liebe zu üben und die Welt nach Gottes Willen zu gestalten und zu bewahren.

***

Ein zweites Zeugnis der heilsamen Kraft christlicher Bildmeditation sei am Lebensweg der Teresa von Ávila (1515-1582) verdeutlicht, deren Gedicht wir ja schon zu Beginn des Buches kennengelernt haben.

Teresa war als junge Frau aus Lebensangst und Todesangst in ein strenges kontemplatives Kloster eingetreten und quälte sich dort mit asketischen Übungen ab, ohne dass ihre Seele Ruhe fand. Im Alter von 38 Jahren hatte sie sich wegen ihrer körperlichen Gebrechen schon fast aufgegeben. Da betrachtete sie eines Tages mitten in der Fastenzeit auf dem Flur vor dem Gebetsraum ihres Klosters eine kleine Christus-Statue. Die Figur hatte dort schon immer gestanden, war von ihr aber bislang nur flüchtig wahrgenommen worden.[43] Nun jedoch blieb Teresa stehen, schaute sich diese plastische Darstellung des gegeißelten Christus an und fragte sich:

Warum hat Christus das denn – um Himmels willen – auf sich genommen? Warum hat er sich so schrecklich quälen und foltern lassen? Da durchschoss sie der Gedanke: Aus purer Liebe zu uns Menschen, um uns von all den Schrecken des Lebens zu erlösen!

Teresa wurde wie von einem Strom der göttlichen Liebe durchflossen und ging daraufhin ihren gesegneten Weg der immer tiefer werdenden Liebe zu Gott und den Menschen. Der Anblick des leidenden Christus hatte den Knoten ihres Lebens gelöst, und zwar auf so gründliche und nachhaltige Art, dass sie eine der großen Lehrerinnen und Mystikerinnen der Kirche geworden ist.

Übungen

Es gibt zwei Möglichkeiten der Bildmeditation: Die eine besteht darin, vor einem Bild so lange zu verweilen, bis es sich dem Betrachter offenbart und zu ihm spricht. Die andere Möglichkeit hat mit dem Schauen «innerer Bilder» des Glaubens zu tun.

Im Folgenden findest du Beispiele für beide Arten der Bildmeditation.

Meditative Bildbetrachtung

Suche ein Bild aus, von dem du denkst, dass es dir auf deinem geistlichen Weg weiterhelfen könnte. Setze dich entspannt hin und versuche, zur Ruhe zu kommen. Je nach Größe des Bildes wähle eine Distanz, die wenig andere Gegenstände ins Blickfeld kommen lässt.

Stelle dich auf das Bild ein. Sei jemand, der das Geschaute nicht aktiv «verstehen» will, sondern es passiv, innerlich offen empfängt. Bete um den Heiligen Geist, dass er dir durch das Bild offenbaren möge, was heilsam und gut für dich ist.

Bei einem Gemälde kannst du dich natürlich bei der ersten Betrachtung fragen, was der Maler mit dem Bild ausdrücken wollte, welche geistliche Botschaft darin verborgen ist. Dann aber überlasse dich ganz dem Fluss deiner Assoziationen, Vorstellungen und Fantasien. Spüre in dich hinein, was das Bild in dir auslöst.

Versuche nach einer Weile, «ins Bild zu kommen». Du könntest dich mit einer Gestalt des Bildes identifizieren. Du könntest dich oder Ereignisse deines Lebens in dem Bild wiedersehen, wiedererkennen, wiedererleben. Was aufleuchtet, darf kurz notiert und festgehalten werden.

Füge die Bildmeditation dann in deine Gebetszeit ein. Schließe mit einem Lob- und Dankgebet.

«Spüre den Blick Christi» (Teresa von Ávila)

Teresa von Ávila hat eine praktische Übung sehr geschätzt, die an die Vorstellungskraft des Menschen appelliert: «Stelle dir vor, Jesus steht vor dir … Er blickt dich an … Spüre seinen Blick!»

Mehr ist nicht erforderlich! Teresa fasst die Übung in einem kurzen Satz zusammen: «Mira que te mira.» – «Sieh, dass er dich ansieht.» Teresa fügt jedoch noch zwei wichtige Adverbien hinzu: «Sieh, dass er dich *liebevoll* und *demütig* ansieht.»[44]

Gib acht, dass du beide Gefühlsregungen in Christi Blick spürst: Er sieht dich liebevoll an, er sieht dich demütig an.

Beide Gefühlsregungen können Schwierigkeiten ergeben. Vielen fällt es schwer, sich vorzustellen, Jesus blicke sie liebevoll an. Sie meinen, Jesus sei hart und fordernd, jemand, der uns nur liebt, wenn wir gut sind.

Noch schwerer fällt ihnen, sich vorzustellen, Jesus blicke sie demütig an. Sie haben wiederum den Jesus des Neuen Testaments nicht verstanden. Sie nehmen es nicht ernst, dass Jesus ihr Diener geworden ist, der ihnen die Füße wäscht und bereitwillig den Tod starb aus Liebe für sie.

Lege nun ganz bewusst alle diese Vorbehalte ab:
Spüre seinen Blick!
Spüre die Liebe in seinem Blick!
Spüre die Demut!

Eine der Schwestern der hl. Teresa, die diese Gebetsweise treu stundenlang übte, bekannte, sie fühle niemals Trockenheit in ihrem Gebet. Als sie gefragt wurde, wie sie bete, antwortete sie: «Ich biete mich dar, geliebt zu werden!»[45]

«Gelenkte Fantasie»

Nutze die wunderbare Gabe deiner Vorstellungskraft, um deine Fantasie wandern zu lassen auf einem Weg, der dich in die innere visuelle Gottesbegegnung und Christusbegegnung hineinführt.

Dazu brauchst du eine Stimme, die dir behutsam den Weg weist. Zu diesem Zweck dient der QR-Code bzw. der Link (s. S. 21), hinter dem sich die Anleitung zur inneren Bildmeditation, zur «gelenkten Fantasie», verbirgt. Als Beispiel sei hier die Weihnachtsmeditation abgedruckt, die ich einst mit meiner Familie geübt habe:

Mach es dir bequem und schließe die Augen.
Du hast Zeit und freust dich darauf, dir etwas Gutes zu tun.
Während dein Körper sich ausruht und lockert,
stellst du dich auf eine angenehme Ruhepause ein.
Die Muskulatur ist gelöst und entspannt,
du musst dich nicht mehr bewegen,
weil alles wohltuend entkrampft ist.

Die Augenlider ruhen sanft auf den Augäpfeln.
Dahinter ist ein leichtes Halbdunkel,
und dahinter deine wachen und aufmerksamen Gedanken.

Gleichmäßig und ruhig fließt der Atem dahin.
Im behutsamen Wechsel von Einatmen und Ausatmen
hebt und senkt sich die Bauchdecke,
und wie eine Welle strömt der Atem durch deinen Körper.

Geräusche ziehen draußen vorbei, sie kommen und gehen,
und auch die Gedanken verschwinden wieder,
so wie sie auftauchen.
Du brauchst nichts, musst nichts denken oder tun.
Du spürst ja alles, was dir wichtig ist …

Während der Körper unbeweglich ausruht,
kann dein Geist wandern, wohin er will.
Vielleicht in die Vergangenheit oder in die Zukunft,
vielleicht hier in diesem Raum herum
oder irgendwohin nach draußen,
ganz wie es ihm gefällt.

Lass es geschehen.
Der ruhige Fluss des Atems bleibt ungestört
von allen Unterbrechungen
und reagiert auch nicht auf Ärger oder Anspannung,
die vorhin vielleicht da waren oder nachher kommen könnten.
Hier und jetzt bist du unabhängig
von allen äußeren Einflüssen.

Tief in deinem Inneren ist ein ruhiger Platz,
eine verborgene Insel der Stille,
in die du jetzt mehr und mehr hineinsinkst.
Ich begleite dich auf diesem Weg, zähle von 1 bis 5,
damit du immer tiefer ausruhen kannst,
und bei 5 bist du dann so wohltuend entspannt,
wie es heute möglich ist:

*1: Der Körper ist locker und entspannt,
ruht sich aus und braucht nichts.*

*2: Das Herz schlägt gleichmäßig und ruhig,
der Atem fließt friedlich dahin.*

*3: Du bist unabhängig, stehst in deinem eigenen Mittelpunkt
und ruhst mehr und mehr im inneren Gleichgewicht.*

*4: Du bist froh, bei dir selbst zu sein, kannst deine Gedanken
und Gefühle öffnen für eine positive, wohltuende Zukunft.*

*5: Du hast losgelassen, bist auf dieser inneren Insel der Stille,
auf der es dir gutgeht und sich alles zum Besten entwickelt.*

Und während der Körper daliegt und sich ausruht,
bewegen sich die Gedanken, wie sie wollen.

Und nun stell dir vor:
Du gehst in der Dämmerung auf einem Fußweg
Richtung Bethlehem.
Langsam wird es immer dunkler.
Da siehst du in der Ferne
die schwach erleuchteten Häuser der Stadt.
Du kommst näher und erkennst:
Die Stadttore sind längst geschlossen.
Aber hinter der Stadt leuchtet über einem Hügel
ein heller Stern.
Du folgst dem Stern.
Auf einem schmalen Pfad näherst du dich dem Ort,
über dem der Stern steht.
Da siehst du: Ein Stall!
Geöffnet, darin zwei Menschen, ein Mann und eine Frau.
Und zwischen ihnen eine Krippe aus Holz.
Darin liegt in Windeln gewickelt und auf Heu gebettet
ein kleines Kind.

Das Kind sieht dich freundlich an.
Du siehst das Kind freundlich an.
Du spürst seinen Blick.
Sein Blick sagt dir:
«Erzähle mir von deiner Sehnsucht …
Was kann ich dir abnehmen von deiner Verzagtheit?»
Du spürst, du kannst dem Kind alles sagen.
Es hört zu, gründlich und genau.
Es versteht …

Dann beginnt – o Wunder! – das Kind zu sprechen.
Es redet dich mit Namen an.
Du hörst, wie es deinen Vornamen liebevoll ausspricht.
Es erzählt dir, was für dich wichtig ist.
Du hörst zu und nimmst auf, was das Kind dir sagt.

Dann geschieht etwas sehr Schönes.
Im Auftrag des Kindes sagt Maria zu dir:
«Öffne deine Hände!»
Du öffnest deine Hände.
Maria legt im Auftrag ihres Kindes
etwas sehr Kostbares für dich hinein,
ein Symbol für dein zukünftiges Leben.
Du schaust hin, welches Symbol es ist …

Dankbar nimmst du das Symbol,
verabschiedest dich von Jesus,
von Maria und Josef
und machst dich langsam wieder auf den Heimweg.
Das Symbol trägst du bei dir.
Am nächsten Abend kommst du zu Hause an.
Zu Hause angelangt gehst du an den Ort,
an dem du dich am wohlsten fühlst.
Dort bleibst du.

Langsam ziehen sich die Bilder zurück
und das Halbdunkel hinter den Augenlidern wird stärker.
Deine Aufmerksamkeit richtet sich wieder auf die Umgebung,
auf diesen Ort und diese Zeit.
Du kehrst in den Raum zurück,
in dem sich dein Körper befindet und tief ausgeruht hat.

Du stellst dich wieder auf die Umgebung ein
und nimmst alle Erinnerungen und Gefühle mit,
die dir eben wichtig gewesen sind.
Alles, was unangenehm war oder nicht aufgelöst ist,
kann warten, bis du beim nächsten Mal wieder ein Stück
weiter kommst.

Langsam zähle ich jetzt von 5 bis 1,
und bei 1 bist du ausgeruht und erholt,
öffnest deine Augen und fühlst dich wohl:

*5: Deine Aufmerksamkeit richtet sich wieder nach außen,
auf diesen Tag, auf die Aufgaben, die bevorstehen,
und die Menschen, die du treffen wirst.*

*4: Atmung und Herzschlag sind ausgeglichen und normal.
Du wirst innerlich munterer.*

3: Die Muskeln lockern und bewegen sich.

*2: Deine Gedanken sind geordnet und du hast deine persönlichen
Ziele klar vor Augen.*

*1: Und jetzt bist du da, öffnest deine Augen und fühlst dich
befreit und beschenkt.*

KAPITEL 6

Licht empfangen

Lichtmeditation

Lebt als Kinder des Lichts!

Epheser 5,8 (ZÜR)

Jesus sagt:
«Ich bin das Licht der Welt» (Johannes 8,12; LUT).
Er sagt aber auch denen, die ihm folgen:
«Ihr seid das Licht der Welt» (Matthäus 5,14; LUT).

In der Lichtmeditation kommt beides zusammen:
Ich betrachte ein sichtbares Licht, etwa eine Kerze,
ich staune über die Flamme, die klein und unscheinbar ist
und doch so unverdrossen an ihrem Platz brennt,
die sich selbst verzehrt und dabei Licht und Wärme spendet,
und werde durch sie an Gottes lichtvolle Gegenwart erinnert.

Oder ich öffne mein Bewusstsein noch weiter
für das göttliche Licht
durch eine Imagination, die das bewirkt, was sie sagt:
Ich stelle mir vor, wie Gottes Licht mich durchströmt
und auf diese Weise erleuchtet, erwärmt und lebendig macht.
Jesus, das Licht der Welt, macht mich so zum Lichtträger,
und ich werde selbst zur Lichtquelle in einer dunklen Welt.

Lebt als Kinder des Lichts!

Epheser 5,8 (ZÜR)

Der Monat November hat für mich seit jeher etwas Bedrückendes.

Wenn die welken Blätter fallen, die Tage immer kürzer und finsterer werden, wenn sich die Nebelschwaden am Morgen nicht mehr auflösen wollen und das nasskalte Wetter durch alle Gassen der Stadt und alle Poren des Hauses zu ziehen scheint, dann ist mein Geist oft getrübt und meine Seele niedergeschlagen.

Hinzu kommt, dass ich als Pfarrer im November immer mit kalten Friedhöfen, mit Volkstrauertag und Totensonntag konfrontiert bin, wo ich die Trauer einer ganzen Gemeinde in Worte fassen soll. Viele warten in ihrer persönlichen Not auf Trost und Stärkung. Je empathischer ich darauf eingehe, umso mehr fühle ich mich in eine große Dunkelheit hineingestellt, in einen Tunnel, dessen Ausgang ich herbeisehne.

Wie froh war ich und bin ich dann jedes Mal, wenn die erste Kerze am Adventskranz brennt und mir sagt: Es ist Advent geworden! Das Licht Gottes kommt uns entgegen! In dieser Jahreszeit bin ich besonders empfänglich für das Licht, das in der Finsternis aufscheint.

***

Aber auch im heißen Sommer kann es sein, dass mir die Bedeutung des Lichts, besonders des Sonnenlichts, neu bewusst wird.

Ich denke zum Beispiel an die Sonnenblumen in unserem Pfarrgarten, von denen ich eines Tages merkte, dass sie sich mit ihren großen Blüten im Tagesverlauf von Osten nach Westen drehen. Sie folgen den Strahlen der Sonne, so als wollten sie möglichst viel davon in sich aufnehmen.

Sie sind wirklich empfänglich für das Licht, sie «meditieren» das Sonnenlicht auf ihre ganz eigene Weise. Sie sind «Kinder des Lichts», weil sie sich dem Licht unbeirrbar zuwenden.

Welch ein schönes Bild für das, was auch unsere Bestimmung als Christen in dieser Welt ist!

Biblische Grundlagen

Am Anfang des 1. Johannesbriefs lesen wir: «Gott ist Licht. In ihm gibt es keine Finsternis» (1. Johannes 1,5). Das ist die Grundlage, sozusagen der Ausgangspunkt, auf dem alle Lichtmeditation beruht.

Gott selbst ist ein alles überragendes, überhelles Licht – ein Licht, das nicht von dieser Welt ist. Kein Mensch kann diesem Licht ungeschützt und unmittelbar begegnen. Es ist so hell, dass «niemand sonst es ertragen kann» (1. Timotheus 6,16). Wer Gott schaut, muss sterben, heißt es darum im Alten Testament (2. Mose 33,20). Licht ist etwas Göttliches: «Majestätische Pracht ist dein Festgewand, helles Licht umhüllt dich wie ein Mantel», beginnt der Lobpreis Gottes in Psalm 104 (Vers 1-2).

Der Ursprung jeglichen Lebens und jeglicher Erkenntnis liegt in der transzendenten göttlichen Lichtquelle, die allem vorausgeht und am Ende alles erleuchten und durchleuchten wird: «Denn du bist die Quelle – alles Leben strömt aus dir. In deinem Licht sehen wir das wahre Licht» (Psalm 36,10).

Dieses unendliche Licht Gottes wollte aber nicht bei sich und in sich selbst bleiben. Es wollte neues, endliches Licht, das Licht dieser Welt erzeugen. Deshalb heißt es gleich zu Beginn des Schöpfungsberichtes am Anfang der Bibel: «Da sprach Gott: ‹Licht soll entstehen!›, und sogleich strahlte Licht auf. Gott sah, dass es gut war» (1. Mose 1,3-4).

Das erste und vornehmste Schöpfungswerk ist das Licht – eine Erkenntnis, die auch durch die moderne Physik und Kosmologie bestätigt wird. Am Anfang war das Licht, und am Ende wird das göttliche Licht sein.

Dazwischen aber ist diese seltsame Mischung aus Licht und Finsternis, die wir unser Leben und unsere Welt nennen.

In ihr leuchtet seit Christi Geburt ein *neues* Licht, das wärmt und heilt und rettet, das Licht der Liebe Gottes. Um genau dieses Licht geht es im christlichen Glauben und Leben.

Auf dem Berg der Verklärung

Im Markusevangelium wird berichtet, wie Jesus selbst dieses neue Licht zusammen mit seinen engsten Jüngern auf dem «Berg der Verklärung» erlebt hat:

> *Sechs Tage später nahm Jesus Petrus, Jakobus und Johannes mit auf einen hohen Berg. Sie waren dort ganz allein. Da wurde Jesus vor ihren Augen verwandelt: Seine Kleider wurden so strahlend weiß, wie kein Mensch auf der Erde sie bleichen könnte. Dann erschienen Elia und Mose und redeten mit Jesus.*
>
> *Petrus rief: «Rabbi, wie gut, dass wir hier sind! Wir wollen drei Hütten bauen, eine für dich, eine für Mose*

und eine für Elia.» Er wusste aber nicht, was er da sagte, denn die drei Jünger waren vor Schreck ganz durcheinander. Da kam eine Wolke und hüllte sie ein, und aus der Wolke hörten sie eine Stimme: «Dies ist mein geliebter Sohn! Auf ihn sollt ihr hören!» Als sich die Jünger umschauten, sahen sie plötzlich niemanden mehr. Nur Jesus war noch bei ihnen.

MARKUS 9,2-8

Wir müssen uns klarmachen: Nach diesem «Licht-Ereignis» beginnt der harte Weg Jesu hinab in das Tal der Verachtung und Schändung, des bitteren Leidens und Sterbens.

Aber bevor es bergab geht, wird Jesus noch einmal ganz vom göttlichen Licht durchflossen, verwandelt, verklärt und beseelt. Es ist eine Stunde des hellen Glücks, von der Jesus dann in den dunklen Stunden seiner Not und Angst zehren kann.

Neben ihm erscheinen auf dem Berg die beiden Repräsentanten der Befreiung Israels aus der Sklaverei: Mose, der das Volk aus der realen Knechtschaft in Ägypten herausgeführt hat, und Elia, der sein Volk aus der geistig-religiösen Knechtschaft des Götzendienstes geleitet hat.

Das will sagen: Das Licht Gottes befreit und erlöst, es schafft echte Freude und echtes Glück. Es ist das Licht des Heiligen Geistes.

Lebt als Kinder des Lichts!

Dieses Licht, von dem Jesus verklärt wurde, können wir auch heute noch in uns aufnehmen. Durch den Heiligen Geist tragen wir es in uns wie einen kostbaren Schatz, obwohl wir selbst nur «zerbrechliche Gefäße» sind (2. Korinther 4,7). Paulus redet davon in seinem Brief an die Korinther:

> *So wie Gott einmal befahl: «Licht soll aus der Dunkelheit hervorbrechen!», so hat sein Licht auch unsere Herzen erhellt. Jetzt erkennen wir klar, dass uns in Jesus Christus Gottes Herrlichkeit entgegenstrahlt.*
>
> 2. KORINTHER 4,6

Ähnliches findet sich in den Evangelien bereits unter dem Stichwort «Licht der Welt». Im Johannesevangelium sagt Jesus von sich selbst: «*Ich* bin das Licht für die Welt» (Johannes 8,12). Und in der Bergpredigt Jesu heißt es: «*Ihr* seid das Licht, das die Welt erhellt» (Matthäus 5,14).

Wie lässt sich beides zusammendenken?

Es ist wie bei vielen kleinen Kerzen, die an einer großen Kerze entzündet werden: Wer mit Jesus in Kontakt kommt, wer sich seinem Licht öffnet, wird selbst zum Lichtträger. Er wird zur Fackel in einer düsteren Welt, die erleuchtet, wärmt und Orientierung gibt. Unsere Aufgabe in diesem Leben ist offenbar nichts anderes, als «Kinder des Lichts» zu werden.

In Epheser 5,8-14 heißt es:

> *Früher habt auch ihr in Dunkelheit gelebt; aber heute ist das anders: Weil ihr mit dem Herrn verbunden seid, seid ihr im Licht. Darum lebt nun auch wie Menschen, die zum Licht gehören! Ein solches Leben führt zu aufrichtiger Güte, Gerechtigkeit und Wahrheit. Prüft in allem, was ihr tut, ob es Gott gefällt. Lasst euch auf keine finsteren Machenschaften ein, die keine gute Frucht hervorbringen, im Gegenteil: Helft, sie aufzudecken.*

Denn was manche im Verborgenen treiben, ist so abscheulich, dass man nicht einmal davon reden soll. Doch wenn durch euch das Licht Gottes auf diese Dinge fällt, werden sie erst richtig sichtbar. Was Gott ans Licht bringt, wird hell. Deshalb heißt es auch: «Erwache aus deinem Schlaf! Erhebe dich von den Toten! Und Christus wird dein Licht sein.»

Damit ist gemeint: Wenn wir uns der Sonne unseres Lebens, nämlich Jesus Christus, entgegenstrecken, dann wird es hell in unseren Herzen. Wenn wir uns nach Christus hin ausrichten und unser Angesicht den Strahlen seiner Liebe aussetzen, dann werden wir ebenfalls erfüllt mit Liebe und Freude.

Dann sieht man uns an, dass wir «Kinder des Lichts» sind – dass wir «zum hellen Tag und nicht zur Nacht mit ihrer Finsternis» gehören (1. Thessalonicher 5,5).

***

Ein Glaubensdenker unserer Tage, Heinrich Spaemann, sagte einmal: «Was einer mit dem Herzen sucht und schaut, das schreibt sich in sein Angesicht.»[46]

In Gesichtern von Menschen kann man lesen wie in Büchern. In einem Gesicht ist vieles aufgezeichnet, vor allem das, was jemand erlitten und durchgemacht hat an Arbeit, Mühen und Leiden. Aber das ist nicht alles: Man kann in einem menschlichen Gesicht auch ablesen, was einer mit dem Herzen sucht und schaut.

Sucht einer mit dem Herzen nur Erfolg und Macht, so bekommt er ein erfolgsglattes und machthungriges Gesicht. Sucht einer mit dem Herzen die Wahrheit, so bekommt er ein kluges und nachdenkliches Gesicht. Sucht einer mit dem Herzen die

Liebe, so bekommt er ein liebevolles Gesicht. Sucht einer im tiefsten Herzensgrund die Freude, so bekommt er ein fröhliches Gesicht.

Es stimmt: «Was einer mit dem Herzen sucht und schaut, das schreibt sich in sein Angesicht.»

Der Verfasser des Epheserbriefs sagt nun: Was man in den Gesichtern von uns Christenmenschen ablesen können soll, ist dreierlei, nämlich Güte, Gerechtigkeit und Wahrheit.

Er schreibt: «Darum lebt nun auch wie Menschen, die zum Licht gehören! Ein solches Leben führt zu aufrichtiger Güte, Gerechtigkeit und Wahrheit» (Epheser 5,8-9).

Doch wie schaffen wir es, dass Güte, Gerechtigkeit und Wahrheit von uns ausstrahlen? Nur dadurch, dass wir eben diese Qualitäten mit dem Herzen suchen und schauen. Dann geschieht etwas Erstaunliches, nämlich Verwandlung durch innere Anschauung.

***

Für uns Christinnen und Christen heißt das: Wir müssen wieder lernen, Jesus Christus mit dem Herzen zu betrachten, über sein Leben zu meditieren und seine Güte, Gerechtigkeit und Wahrheit zu bestaunen.

Beispiellos ist ja die Güte Jesu, die nicht nur Zöllner und Sünder an einen Tisch gerufen hat, sondern auch noch für die eigenen Mörder gebetet hat: «Vater, vergib ihnen, denn sie wissen nicht, was sie tun!» (Lukas 23,34). Die Güte, die keine Grenzen kannte und darum ans Kreuz genagelt wurde – wahrhaft staunenswert ist sie; und wer sich dies vor Augen hält, der bekommt selbst ein gütiges Herz. Das Licht der Güte Jesu durchdringt ihn mehr und mehr.

Bemerkenswert ist aber auch die Gerechtigkeit Jesu: der unbestechliche Blick, der alle Scheinheiligkeit und Heuchelei unerbittlich aufdeckt, der jede Not und echte Sehnsucht erkennt und der jedem Menschen in einem tiefen Sinne gerecht wird. Es ist dieser durchdringende Blick, der einen Menschen ermutigt, korrigiert, unterstützt und tröstet, so wie er es in Wahrheit braucht. Wer sich die Gerechtigkeit Jesu vor Augen hält, der spürt die innere Klarheit, die uns und anderen so guttut und die aus der Erleuchtung durch Christus hervorgeht.

Bewundernswert schließlich ist die Wahrhaftigkeit Jesu: sein offenes Reden von Gott auch im Angesicht der Feinde, sein Bekenntnis vor dem Hohen Rat und vor Pontius Pilatus, das ehrliche Geständnis seiner Angst im Garten Gethsemane bis hin zu dem Eingeständnis seiner Gottverlassenheit am Kreuz. Wer die Wahrhaftigkeit Jesu betrachtet, in dem wächst der Mut, auch selber der Wahrheit ins Auge zu schauen und sie auszusprechen, obwohl das manchmal schmerzlich ist. Das Licht der Wahrheit gibt ihm die nötige Kraft dazu.

***

Paulus sagt: Wenn wir uns Tag für Tag die Güte, Gerechtigkeit und Wahrhaftigkeit Jesu vor Augen halten – wenn wir uns diesen hellen Strahlen regelmäßig aussetzen –, dann wird unsere Seele zu einem Spiegel, der das Licht Jesu in die Welt hineinreflektiert.

Das also meint der Apostel, wenn er uns auffordert: «Lebt als Kinder des Lichts!»

Und er betont: Es ist höchste Zeit, dass wir erwachen aus dem Dämmerlicht unserer Träume – seien es nun Wunschträume oder Albträume –, denn beide sind voller Lug und Trug.

Paulus zitiert in diesem Zusammenhang ein altes Tauflied mit den Worten: «Erwache aus deinem Schlaf! Erhebe dich von den Toten! Und Christus wird dein Licht sein» (Epheser 5,14).

Aufwachen sollen wir, ehe es zu spät ist: Hier und heute sollen wir aufstehen und uns erleuchten lassen von Christus, der Sonne unseres Lebens.

Schätze aus der christlichen Tradition

Symeon der Theologe

Ein unübertroffener Meister der christlichen Lichtmeditation war Symeon der Theologe (949-1022). Dieser griechisch-orthodoxe Priester und Abt gewann als Kirchenlehrer und Mystiker im Raum der Ostkirche große Bedeutung und hat sie noch heute.

Symeon war etwa 20 Jahre alt, als ihm eine erste Schau des göttlichen Lichts geschenkt wurde. Von da an verkündete er immer wieder als das Ziel des christlichen Lebens überhaupt – und zwar nicht nur hinter Klostermauern – die spürbare Erfahrung des Lichts des dreieinigen Gottes.

Lichtmeditation und Lichterfahrung waren für ihn keine Ausnahmeerscheinung für einige wenige, spirituell besonders begabte Menschen, sondern ein Weg, der allen Getauften offensteht. Seine *Hymnen an das Licht* sind noch heute ein ergreifendes Zeugnis seiner Erfahrung mit dem Licht Gottes und eine Einladung, sich dieser Erfahrung zu öffnen.

Charakteristisch ist für ihn eine Aussage aus der 18. Hymne, die lautet: «Wie in einem leuchtenden Gemache wohnen die Gläubigen.»

Er wollte damit sagen: Die Engel Gottes, seine dienstbaren Boten, kommen gleichsam vom Himmel und bringen Licht in unsere Finsternis.

Das kann in der Klosterzelle sein, in der Schreibstube, im Krankenzimmer, in der Küche, im Stall, auf dem Acker – wo auch immer sich unser Alltag abspielt.

Wir müssen nur offen sein für das auf uns zukommende Licht Christi, das verwandelnde, tröstende und wahrhaft erleuchtende Kraft hat. Es kann den Ort, an dem es uns antrifft, auf eine geheimnisvolle Weise zum Strahlen bringen.

Mechthild von Magdeburg (1207-1282)

Die Mystikerin Mechthild von Magdeburg war eine Begine, das heißt eine Frau, die wie eine Nonne lebte, aber mitten in der Welt karitativ tätig war in der Krankenpflege und in der Fürsorge für Arme, Bedürftige und Sterbende. Sie hat ihre persönlichen Gotteserfahrungen zusammengefasst in einem Buch in mittelhochdeutscher Sprache, dem sie den Titel gab: *Das fließende Licht der Gottheit*.

Darin berichtet sie von Lichterfahrungen, die ihr zuteilwurden, nachdem sie durch Gebet und Meditation in eine immer innigere Gemeinschaft mit Christus gelangt war.

Gerhard Tersteegen (1697-1769)

Die vielleicht schönste Form der Lichtmeditation finden wir in dem Lied *Gott ist gegenwärtig* von Gerhard Tersteegen. In der 6. Strophe dieses Liedes hat Tersteegen gedichtet und gebetet:

Du durchdringest alles;
lass dein schönstes Lichte,
Herr, berühren mein Gesichte.
Wie die zarten Blumen
willig sich entfalten
und der Sonne stille halten,
lass mich so, still und froh,
deine Strahlen fassen
und dich wirken lassen.[47]

In dieser Strophe finden sich gleich drei mystische Grundmotive im Bild der Blume vereint, die sich dem Licht zuwendet:

- das Still-Halten, Sich-berühren-Lassen von Gott,
- das Fassen der Strahlen Gottes im Blütenkelch der Seele,
- das Wirken-Lassen Gottes tief im Inneren.

Gerhard Tersteegen hat es selbst vorgemacht: Obwohl er schon in jungen Jahren gesundheitlich angeschlagen war und nicht wenig unter der Missgunst und Verachtung seiner Zeitgenossen zu leiden hatte, hat er sich auch in den dunklen Zeiten seines Lebens «still und froh» dem Licht Christi im Gebet zugewandt und auf diese Weise Trost und innere Heilung erfahren.

Heilsame Erfahrungen

Die Erfahrung zeigt, dass Leib und Seele eines Menschen verkümmern, wenn es ihm an Licht mangelt. Darin ist er eins mit allen Lebewesen auf Erden. Er braucht das sichtbare Licht wie ein Nahrungsmittel, wie ein Lebenselixier.

In der Medizin und Psychotherapie hat man ausgehend von dieser Erkenntnis die sogenannte «Lichttherapie» entwickelt. Sie wird zur Behandlung von verschiedenen körperlichen und seelischen Erkrankungen eingesetzt und ist in ihrer Wirksamkeit gut belegt. Die Lichttherapie hilft insbesondere bei Depressionen, die durch die Dunkelheit und Lichtarmut des Winters hervorgerufen werden. Man setzt die Patienten dabei hellem Kunstlicht aus und spricht in diesem Zusammenhang auch von einer «Lichtdusche».

***

Aber auch auf geistiger und geistlicher Ebene braucht der Mensch das Licht, das Licht der Wahrheit, der Liebe und der Versöhnung. In Psalm 43,3 (LUT) heißt es: «Sende dein Licht und deine Wahrheit, dass sie mich leiten …»

Eine besondere Offenheit für das göttliche Licht hatte die große Äbtissin, Mystikerin, Komponistin, Ärztin und Naturforscherin Hildegard von Bingen (1098-1179). In ihrem Buch *Wisse die Wege* berichtet sie:

Das Licht, das ich schaue, ist nicht an den Raum gebunden. Es ist viel, viel lichter als eine Wolke, die die Sonne in sich trägt. Weder Höhe noch Länge noch Breite vermag ich an ihm zu erkennen. Es wird mir als «Schatten des lebendigen Lichtes» bezeichnet. Und wie Sonne, Mond und Sterne in Wassern sich spiegeln, so leuchten mir Schriften, Reden, Kräfte und gewisse Werke der Menschen in ihm auf …

Alles, was ich in der Schau sehe und lerne, das behalte ich lange Zeit in meinem Gedächtnis, weil, sobald ich es sehe und höre, es in mein Gedächtnis eingeht. Ich sehe, höre und weiß gleichzeitig, und wie in einem Augenblick erlerne ich das, was ich weiß …

In diesem Lichte sehe ich zuweilen, aber nicht oft, ein anderes Licht, das mir das «Lebendige Licht» genannt wird. Wann und wie ich es schaue, kann ich nicht sagen. Aber solange ich es schaue, wird alle Traurigkeit und alle Angst von mir genommen, so dass ich mich wie ein einfaches junges Mädchen fühle und nicht wie eine alte Frau …

In beidem, in Leib und Seele, kenne ich mich selbst nicht und erachte mich gleich dem Nichts. Ich strecke mich aus nach dem lebendigen Gott und überlasse alles dies Ihm, damit Er, der weder Anfang noch Ende hat, mich in all dem vor dem Bösen bewahre.[48]

Lichtmeditation wird uns hier vorgestellt als Heilmittel gegen Angst und Depression sowie als Weg zur Verjüngung und Erneuerung der eigenen Seele. Viele ihrer Ordensschwestern sind Hildegard von Bingen auf diesem Weg nachgefolgt, und er steht uns allen unverändert offen.

Übungen

Das fünffache Geheimnis der Kerze

Eine schöne Möglichkeit, in der dunklen Jahreszeit dem besonderen Licht von Advent und Weihnachten näherzukommen, ist die meditative Betrachtung einer Kerze. Dies kannst du allein oder in besinnlicher Runde mit anderen tun. Die dazugehörige Übungs-

anleitung kann auch über den QR-Code bzw. den Link (s. S. 21) abgerufen werden.

Such dir einen ruhigen Platz und zünde eine Kerze an. Dann nimm dir Zeit, die brennende Kerze in der Stille zu betrachten. Bedenke, was du von ihr lernen kannst:

1. Die Kerze spendet Licht.

Sie gibt ein wenig Wärme. Im Unterschied zum elektrischen Licht ist sie ein lebendiges Licht. Die Flamme richtet sich nach oben, während alle anderen Gegenstände sonst aufgrund der Schwerkraft nach unten fallen. Dies ist ein wichtiger Grund für die Verwendung von Kerzen im Gottesdienst. Die Kerzenflamme ist ein Symbol des Gebets. Die Flamme richtet sich nach oben zum Himmel, still und unbeirrbar.

2. Die Flamme macht das Harte weich.

Sie schmilzt das Wachs und verwandelt es in Licht. Dabei verzehrt sich die Kerze – ein Symbol des Opfers. Die Kerze opfert sich auf für das Licht. Sie tut dies auf eine selbstverständliche Weise, die ihrem Wesen entspricht.

3. Die Kerze braucht Sauerstoff.

Man kann sagen, sie atmet. Die Kerzenflamme muss ausreichend versorgt werden mit Sauerstoff. So brauchen auch wir immer wieder neue Impulse, frischen Wind für unser Leben.

4. Die Kerze steckt andere an.

Wie viele Kerzen kann man an dieser einen Kerze anzünden? Unendlich viele! Ohne Minderung der Flamme! Dies ist ein Sinnbild Gottes, der sich ständig verschenkt, ohne dadurch etwas zu verlieren. Ein Sinnbild der Liebe, die sich verschwendet, ohne kleiner zu werden …

5. Die Kerze kann sich nicht selbst entzünden.

Obwohl sie zum Brennen gemacht ist, schafft die Kerze es nicht selbst. Es muss ein Eingriff aus einer anderen Dimension erfolgen. Die Kerze kann sich nicht selbst erlösen, sie wird erlöst.

Zum Schluss kannst du noch etwas länger vor der Kerze verweilen und mit dem Atem die Worte wiederholen: «Wie die Kerze». Du darfst entdecken, wo du dich mit der Kerze identifizieren kannst und was sie dir für dein Leben sagen möchte. Schließe die Übung mit einem Gebet ab.

Das fließende Licht der Gottheit

Eine zweite Übung ist in Anlehnung an Erfahrungen der bereits erwähnten Mystikerin Mechthild von Magdeburg in einem Meditationskreis unserer Gemeinde entstanden und hat sich vielfach in ihrer geistlichen Kraft bewährt. Auch hier kann die Übungsanleitung über den QR-Code bzw. den Link (s. S. 21) abgerufen werden. Sie lautet:

Du sitzt bequem und entspannt,
lässt die Augenlider sich schließen.
Du atmest dreimal tief aus,
gibst deine Anspannung ab,
lässt die Schultern dabei fallen.
Du konzentrierst dich auf die Mitte der Stirn,
stellst dir vor, wie dort das warme, goldene Licht Christi,
das fließende Licht der Gottheit, einströmt.
Es breitet sich aus hinter deinen Augen,
den Wangen, den Lippen:
Es strömt in die linke Schläfe,
zum linken Ohr, zum linken Hinterkopf.
Es strömt in die rechte Schläfe,
das rechte Ohr, zum rechten Hinterkopf.
Dein ganzer Kopf ist erfüllt mit goldenem, wohltuendem Licht.
Es strömt hinunter in den Nacken,
verdichtet sich entlang der Wirbelsäule zu einem Lichtpolster,
erfüllt den ganzen Raum deines Halses.
Wohltuendes Licht strömt weiter in den rechten Oberarm,
in den Unterarm, die Hand und bis in die Fingerspitzen hinein.
Vom Hals strömt sanftes Licht auch in den linken Oberarm,
in den Unterarm, die Hand und bis in die Fingerspitzen hinein.
Der Strom des Lichts fließt vom Nacken aus
die Brustwirbelsäule hinunter,
fließt die Rippenspangen entlang zum Brustbein,
durchstrahlt den ganzen Brustraum,
bildet hinter der Brustwirbelsäule ein dichtes Lichtpolster.
Das Licht Christi hüllt kraftvoll dein Herz
in eine schützende Hülle.

Weiter strömt das Licht die Lendenwirbelsäule hinunter,
strahlt in den Unterleib – durchlichtet alle Organe,
sammelt sich im Becken wie ein Meer von Licht.
Das Lichtmeer fließt über in deinen rechten Oberschenkel,
füllt das Bein aus, strömt in den Unterschenkel,
in den Fuß – bis in die Zehen hinein.
Das Lichtmeer fließt auch in deinen linken Oberschenkel,
füllt das Bein aus, strömt in den Unterschenkel,
in den Fuß – bis in die Zehen hinein.
Von den Zehen bis zum Scheitel
erfüllt dich das sieghafte Licht Christi.
Langsam dringt es durch die Poren der Haut
in den Raum um dich.
Du wirst gleichsam wie eine leuchtende Sonne.
Das Licht kann durch dich strömen und fließen.
Verharre noch eine Weile in dieser Haltung
und spüre die alles durchdringende Wirkung des Lichts!

Nach etwa 15-20 Minuten beendest du die Übung. Du reibst die Hände, reckst dich wie nach einem Schlaf, lässt mit geöffneten Augen das Geschehen noch etwas nachwirken und gehst dann zu anderen Dingen über.

Gott ist gegenwärtig

Die sechste Strophe aus dem bekannten Lied Gott ist gegenwärtig *von Gerhard Tersteegen, die ich oben bereits zitiert habe, kann man nicht nur «still und froh» singen, sondern sie eignet sich auch wunderbar zur Meditation. Dabei spricht man die folgenden drei Passagen beim Ausatmen immer wieder still vor sich hin: «der*

Sonne stille halten», «deine Strahlen fassen», «dich wirken lassen» (etwa 15 Minuten lang). Die Erfahrung zeigt, dass die mystische Dimension des Blumenbildes dann besonders tief in die Seele einsinken kann, um sie von Christus erleuchten und erwärmen zu lassen.

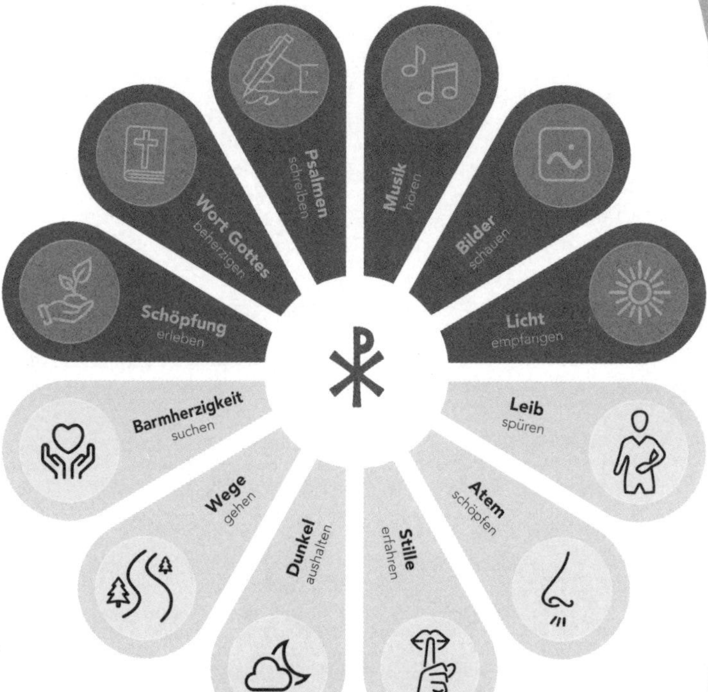

Schöpfung erleben
Wort Gottes beherzigen
Psalmen schreiben
Musik hören
Bilder schauen
Licht empfangen
Leib spüren
Atem schöpfen
Stille erfahren
Dunkel aushalten
Wege gehen
Barmherzigkeit suchen

TEIL 2

KONTEMPLATION

Vom inneren Loslassen zur Christuserfahrung

KAPITEL 7

Leib spüren
Gebetsgebärden

Mit Leib und Seele juble ich dir zu, du lebendiger Gott!

Psalm 84,3

Ich kann nicht nur mit Worten beten,
sondern auch mit dem ganzen Körper,
in Bewegungen, Gebärden, leiblicher Präsenz:

Das Stehen vor Gott, das aufrechte Sitzen,
das demütige Knien oder Liegen,
das Falten oder Erheben der Hände,
das Sich-Verneigen in Ehrfurcht,
das Schreiten, das Tanzen,
das Jubeln mit dem ganzen Körper –
das alles sind intensive kontemplative Übungen,
die mich näher zu Gott und mir selbst bringen können.

Als Christen haben wir nicht nur einen Leib,
wir sind ein Leib;
und Gott hat ihn uns gegeben,
damit wir mit ihm und durch ihn
in Kontakt kommen mit IHM.

Mit Leib und Seele juble ich dir zu, du lebendiger Gott!
Psalm 84,3

Was es bedeutet, mit Leib und Seele zu beten, hat uns unser kleiner Enkelsohn einmal wunderbar vorgemacht.

Es war im Advent, kurz vor Weihnachten, der Kleine war zweieinhalb Jahre alt. Da baute er zusammen mit seinem Papa im elterlichen Wohnzimmer die Krippe unter dem Tannenbaum auf. Er setzte alle Krippenfiguren an ihren Platz – Ochs und Esel, die Hirten, die heiligen drei Könige, Maria und Josef. Zuletzt stellte er die Krippe mit dem Jesuskind in die Mitte.

Und dann kam die Überraschung: Er fing an, quietschvergnügt um die Krippe herumzurennen, zu hüpfen, zu springen und zu tanzen. Dabei rief er fröhlich: «Ich tanze für das Baby!»

Alle, die es hörten und sahen, waren tief beeindruckt, wie treffend und einfühlsam er die frohmachende Botschaft des Weihnachtsevangeliums verstanden hatte. Dieser kleine Knirps hatte die Weihnachtsfreude auf seine Weise umgesetzt in ein Gebet mit «Leib und Seele»!

***

Ich erinnere mich auch an *meine* erste Erfahrung mit «Gebetsgebärden»:

Wir – eine Gruppe von kirchlichen Mitarbeiterinnen und Mitarbeitern, die sich zu einer Einkehrwoche in einem «Haus der Stille» eingefunden hatten – standen frühmorgens in der angegliederten Kapelle. Eine erfahrene Pfarrerin, Seelsorgerin und Eutonielehrerin leitete uns an. Bevor es richtig losging, lud sie uns ein, zuerst einmal in der Stille zu spüren, wie wir mit beiden Beinen auf der Erde stehen. Wir sollten uns bewusst machen, dass wir fest in der Erde verwurzelt sind und uns zugleich aufrichten dürfen zum Himmel.

Dann zeigte sie uns, wie wir mit verschiedenen, ruhig dahinfließenden Gebärden unseren Dank, unsere Bitte, unsere Klage und unseren Lobpreis auf vielfältige Weise zum Ausdruck bringen können. Unsere Hände, unsere Arme, unsere Beine, ja, unser ganzer Körper wurde in das Gebetsgeschehen einbezogen. Ich fühlte mich plötzlich sehr viel weiter und freier in dieser für mich neuen und noch ungewohnten Weise des Betens. Mir wurde schlagartig klar: Auch im geistlichen Leben *haben* wir keinen Leib, wir *sind* ein Leib!

Ein Gebet nur mit dem Kopf und der eigenen Innerlichkeit ist zu wenig. Es ist sehr viel wirksamer, den ganzen Körper und seine Bewegungsmöglichkeiten in der Meditation und Kontemplation miteinzubeziehen. Seitdem habe ich immer nach guten Gebetsgebärden Ausschau gehalten und sie geübt.

Biblische Grundlagen

In Psalm 84,3 heißt es: «Mit Leib und Seele juble ich dir zu, du lebendiger Gott!» Eine wortwörtliche Übersetzung würde lauten: «Mein Herz und mein Fleisch jubeln dem lebendigen Gott zu.»

Im hebräischen Denken ist das menschliche Leben immer eine untrennbare Einheit von Leib, Seele und Geist. Gerade mit den Bewegungen unseres Körpers können wir Gott auf unmittelbare Weise die Ehre geben und seine Gnade in uns aufnehmen.

Kontemplativ zu beten bedeutet, den Körper miteinzubeziehen und ihn dadurch selbst zum *templum*, zum Tempel der Gegenwart Gottes, werden zu lassen.

***

Alle wichtigen Gebetsgebärden, die wir aus der Gottesdienstliturgie kennen, sind in der biblischen Tradition verwurzelt:

Stehen

Stehend lobt der Psalmbeter Gott. Im Stehen erfährt er, dass Gott ihn hält, dass er nicht schwankt und wankt. Er bekennt: Gott «hat mich … auf festen Boden gestellt. Jetzt haben meine Füße wieder sicheren Halt» (Psalm 40,3).

Stehen ist ein Ausdruck des Gottvertrauens und der inneren Unabhängigkeit von den vielen äußeren Einflüssen, die uns hin- und herzerren wollen. So heißt es schon bei Jesaja (Kapitel 7,9): «Wenn ihr nicht fest im Glauben steht, dann könnt ihr überhaupt nicht bestehen!»

Paulus ermahnt die Gemeinde in Korinth: «Seid wachsam und steht fest im Glauben! Seid entschlossen und stark!» (1. Korinther 16,13). Der Gemeinde in Philippi ruft er zu: «Steht fest in dem Herrn, ihr Lieben!» (Philipper 4,1; Eig.).

In seiner Auferstehung hat Christus auch uns aufgerichtet und unsere Füße auf sicheren Grund gestellt, so dass uns kein Feind mehr umstoßen kann. Er hat uns in eine neue Würde hineingestellt. In diesem Sinne ist unser äußerliches Stehen zugleich auch Teilhabe am Herrn, an der «Gnade, in der wir stehen» (Römer 5,2; LUT).

So ist das Stehen für die jüdische und christliche Gemeinde von Anfang an die gewöhnliche Haltung beim Beten. Dass es in Kirchen Bänke zum Sitzen gibt, ist erst seit der Reformation üblich geworden, als die Menschen ganz auf das Hören langer Predigten eingestellt werden sollten. Ursprünglicher aber ist das Stehen vor Gott im Gottesdienst.

Hände hochheben

Unsere Hände sind ein wichtiges Organ der Kommunikation mit unseren Mitmenschen, aber auch mit Gott.

Die Hände zu erheben, um Gott zu bitten, ihm zu danken und ihn zu loben, ist die Urform des Gebets. Es gibt sie seit jeher in fast allen Religionen der Welt. Israel hat diese ursprünglichste aller Gebetsformen aus den umgebenden antiken Religionen in das eigene religiöse Leben übernommen.

Schon in 1. Mose 14,22 sagt Abraham: «Ich erhebe meine Hand zum Herrn, dem Höchsten» (ZÜR). Gott befiehlt Mose im Zusammenhang mit den ägyptischen Plagen: «Streck deine Hand zum Himmel aus!» (2. Mose 9,22).

In der Amalekiterschlacht bittet Mose mit erhobenen Händen um den Sieg für das Volk Israel. Als er schließlich müde wird, müssen Aaron und Hur seine Hände von links und rechts stützen, damit er lange und ausdauernd beten kann. Und das bleibt nicht ohne Wirkung: «Solange Mose seine Hand erhoben hielt, war Israel stärker» (2. Mose 17,11; EIN), heißt es in dem biblischen Bericht.

Die erhobenen Hände gehören auch in die Liturgie des Tempels. In Psalm 134,1-2 werden die Priester aufgerufen:

Kommt und lobt den HERRN, alle seine Diener,
die ihr nachts in seinem Tempel steht!
Streckt eure Hände zum Heiligtum aus
und preist den HERRN im Gebet!

Im Neuen Testament wird diese Haltung als die übliche Gebetsform vorausgesetzt: «Ich will, dass überall in den Gottesdiensten die Männer reine Hände zu Gott erheben, im Herzen frei von Zorn oder Streitsucht» (1. Timotheus 2,8; GNB).

Das ist zweifellos eine intensive Form der Kontemplation: «ohne Zorn und Streitsucht», also unter Beruhigung der Gedanken- und Gefühlsbewegungen. «Reine Hände zu Gott erheben» (oder, wie Luther es ausdrückt: «heilige Hände aufheben») bedeutet, sich mit allem auszustrecken nach der Stille und Weite der göttlichen Wirklichkeit.

An die Brust schlagen

Eine weitere biblische Gebetsgebärde, die sprichwörtlich geworden ist, ist das Schlagen an die Brust. Als Zeichen der Reue und Buße ist diese Geste weithin bekannt.

Im Neuen Testament schlägt sich der Zöllner im Tempel an die Brust und spricht dabei: «Gott, sei mir gnädig und vergib mir, ich weiß, dass ich ein Sünder bin!» (Lukas 18,13).

Und als Reaktion auf den Tod Jesu berichtet Lukas: «Als alles Volk, das dabei war und zuschaute, sah, was da geschah, schlugen sie sich an ihre Brust und kehrten wieder um» (Lukas 23,48; LUT).

Das Schlagen an die Brust ist hier Zeichen der Umkehr und Betroffenheit. Die Menschen, die die Kreuzigung mit angesehen hatten, waren tief erschüttert. Sie verstanden plötzlich, dass vor ihren Augen ein Unschuldiger gestorben war, der seine Liebe zu Gott und den Menschen bis in den Tod hinein durchgehalten hat.

Verneigen

Auch die Verneigung ist eine kontemplative Gebetsgebärde, die Vorbilder in der Bibel hat.

Abraham zum Beispiel verbeugt sich tief vor seinen drei unbekannten Gästen in der Wüste, die ihn in seinem Zelt besuchen und ihm eine Botschaft von Gott überbringen (1. Mose 18). Später erkennt Abraham, dass er sich in diesem Akt vor dem ewigen Gott höchstpersönlich verneigt und ihm die Ehre erwiesen hat, die ihm zusteht.

Noch heute verneigen sich die frommen Juden oft und intensiv in ihrem Gebet, in der Synagoge vor der Thorarolle und vor allem an der Klagemauer. Sie tun dies in steter Ehrerbietung ihrem Gott gegenüber.

Knien

Die Bibel kennt nicht nur das Gebet im Stehen, sondern auch im Knien. Selbst Israels Könige beten auf ihren Knien zu Gott und flehen um seine Hilfe. So lesen wir im 1. Buch der Könige, wie Salomo bei der Einweihung des neuen Tempels in Jerusalem seinem Gott die Ehre gibt: «Als Salomo sein Gebet beendet hatte, stand er wieder auf. Er war zum Beten vor dem Altar des HERRN auf die Knie gefallen und hatte die Hände flehend zum Himmel erhoben» (1. Könige 8,54).

Auch das Neue Testament kennt die Gebetsgebärde des Knieens: Im Markusevangelium wird berichtet, wie ein Aussätziger vor Jesus auf die Knie fällt und ihn um Heilung anfleht (Markus 1,40). Am Ölberg geht Jesus selbst auf die Knie, um vor seiner Verhaftung inständig zu beten (Lukas 22,41).

Der Apostel Paulus beugt seine Knie vor Gott, dem Vater, «dem alle Geschöpfe im Himmel und auf der Erde ihr Leben verdanken» (Epheser 3,14-15). Und in Philipper 2,10 preist er die Erhöhung Jesu durch den Vater mit den Worten:

Darum hat ihn Gott erhöht und ihm den Namen gegeben, der über allen Namen steht. Vor Jesus müssen einmal alle auf die Knie fallen: alle im Himmel, auf der Erde und im Totenreich. Und jeder ohne Ausnahme wird zur Ehre Gottes, des Vaters, bekennen: Jesus Christus ist der Herr!

Niederfallen

Das Niederfallen vor Gott ist in allen Religionen bekannt, in besonderer Weise im Islam. Es ist eine äußerst intensive Gebärde der Ehrfurcht vor Gott und der Hingabe an seinen Willen.

Das Alte Testament berichtet, dass Abraham auf sein Angesicht fällt, als Gott ihm begegnet (1. Mose 17,3).

Im Danielbuch heißt es: «Wir liegen vor dir mit unserem Gebet und vertrauen nicht auf unsre Gerechtigkeit, sondern auf deine große Barmherzigkeit» (Daniel 9,18; LUT).

Im flachen Liegen auf dem Boden mit ausgestreckten Armen findet eine ganz und gar leibliche Anbetung statt. Es ist ein völliges Sich-Gott-Überlassen im Vertrauen auf seine Güte und Barmherzigkeit.

Sitzen

In den spirituellen Traditionen Asiens spielt die Kontemplation im Sitzen eine herausragende Rolle. Buddha kommt nach langer, unermüdlicher Sitzmeditation unter einem Baum zur Erleuchtung. Im Hinduismus und Buddhismus gehört die Sitzmeditation ins Zentrum aller geistlichen Übungen.

Aber auch in der Bibel hat das Sitzen eine geistliche Bedeutung: Es kann erstens die Bereitschaft zum Hören und Lernen ausdrücken so wie bei Maria von Bethanien, der Schwester von Marta, die zu Jesu Füßen sitzt und auf seine Rede lauscht (Lukas 10,39).

Es kann zweitens ein Sitzen «in der Asche», auf dem Erdboden sein als Zeichen der Trauer und des Schmerzes, der Besinnung, Reue und inneren Reinigung. Hiob, der leidende Gerechte, ist ein gutes Beispiel hierfür (Hiob 2,8), aber auch der leidende Prophet und Gottesknecht Jeremia (Jeremia 15,17).

Es kann drittens ein «Thronen» sein, aufrecht und in Würde, im Sinne von Matthäus 19,28, wo Jesus zu seinen Jüngern sagt:

> *Ich versichere euch: Wenn Gott die Welt neu macht und der Menschensohn in all seiner Herrlichkeit auf dem Thron sitzen wird, dann werdet ihr ebenfalls auf zwölf Thronen sitzen und die zwölf Stämme Israels richten, weil ihr mir nachgefolgt seid.*

Das Sitzen ist dann ein Ausdruck der Teilhabe an der Herrschaft Christi über das Böse, über die Mächte der Finsternis, über die Feinde unserer Seele.

Schreiten

Das liturgische Schreiten stellt bereits im Alten Testament eine wesentliche Gebetsform der Pilger und Priester dar: «Dann werde ich vor Gottes Altar treten, ja, ich will zu Gott kommen, der mich mit Jubel und Freude erfüllt» (Psalm 43,4; NGÜ).

Das bedächtige Schreiten ist eine Art der Kontemplation, bei der wir uns dessen bewusst werden, dass wir immer auf dem Weg sind und auf Gott als das Ziel unseres Lebens zugehen. Im Schreiten kommen wir dieser Bestimmung näher – langsam, vielleicht auch auf Umwegen, aber doch gelassen, innerlich frei und zuversichtlich.

Tanzen

Der heilige Tanz als eine Form der Anbetung, die übersprudelt vor Lebendigkeit und doch in kontemplativer Konzentration geschieht, ist ebenfalls in der Bibel vorgezeichnet.

Nach dem Auszug Israels aus Ägypten und dem Durchzug durch das Schilfmeer nimmt Miriam, die Schwester von Mose, ein Tamburin zur Hand und führt einen Reigen an. In freudigem Tanz feiern und bejubeln die Frauen den Sieg der gottgeschenkten Freiheit über die Knechtschaft (2. Mose 15,20).

Eindrucksvoll ist auch die Geschichte, die erzählt, wie David seine Begeisterung über die Rückkehr der Bundeslade nicht im Zaum halten kann. In einem feierlichen Zug lässt er die Lade mit den Zehn Geboten Gottes nach Jerusalem bringen und führt dabei spontan einen Freudentanz auf. In 2. Samuel 6,14-15 heißt es:

Als der Zug sich wieder in Bewegung setzte, tanzte David voller Hingabe neben der Bundeslade her, um den Herrn zu loben. Er war nur mit einem leichten Leinenschurz bekleidet, wie ihn sonst die Priester trugen. Jubelnd brachten David und alle Israeliten, die ihn begleiteten, die Bundeslade nach Jerusalem, und die Musiker bliesen ihre Hörner.

Für diesen ekstatischen Tanz wird er von seiner Frau Michal, der Tochter des verstorbenen Königs Saul, verachtet und getadelt, aber David verteidigt sein Verhalten (Vers 21):

Ich habe dem Herrn zu Ehren getanzt. Er hat deinem Vater und seinen Nachkommen die Herrschaft genommen und sie mir anvertraut. Mich hat er zum König über sein Volk Israel eingesetzt, und ihm zu Ehren will ich auch künftig tanzen.

Schätze aus der christlichen Tradition

Neben diesen in der Bibel erwähnten Gebetshaltungen haben sich im Laufe der Jahrhunderte noch weitere Formen ausgebildet. Die wichtigsten seien hier vorgestellt:

Orantenhaltung

In der frühen Kirche wurde das Beten mit zum Himmel erhobenen Händen, die sogenannte «Orantenhaltung» (von lateinisch *orantes*: «Betende») bevorzugt. Dabei wurden die Hände wie zu einer großen Schale geformt, die nach oben hin offen ist.

Warum war das so? Diese Haltung verdeutlicht die Wahrheit, die in der ersten Seligpreisung ans Licht kommt: «Glücklich sind, die erkennen, wie arm sie vor Gott sind, denn ihnen gehört sein himmlisches Reich» (Matthäus 5,3). Wir stehen mit leeren Händen vor Gott. Jeden Tag aufs Neue sind wir auf seine Gnade angewiesen. Wir bitten mit offenen Händen um seine Kraft und seinen Segen.

Wenn wir beim Beten die Hände ausstrecken, dann fühlen wir uns plötzlich weit. Wir öffnen uns nach oben hin, so dass Gottes Liebe vom Himmel her in uns einströmen kann. Wir öffnen unseren Leib, damit er von eben dieser Liebe erfüllt und durchdrungen wird.

Diese Gebärde ist also eine Hilfe, damit unser ganzes leibliches Dasein empfangsbereit wird für den Geist Gottes, der lebendig macht und neue Hoffnung schenkt.

Hände zusammenlegen

Das Zusammenlegen der Hände, das heißt das Aneinanderlegen der Handflächen mit ausgestreckten Fingern, ist eine bei vielen Völkern übliche Form der Begrüßung und eine ebenso gängige Form des Gebets, besonders im asiatischen Raum.

Im christlichen Bereich wurde diese Gebetsform erst seit dem 9. Jahrhundert gebräuchlich. Sie ist also keine ursprünglich jüdisch-christliche Geste, sondern tatsächlich germanischen Ursprungs. Das Zusammenlegen der Hände war bei den Germanen eine besondere Form der Huldigung: Beim Lehnsvertrag reichte der Vasall seine Hände mit aneinandergelegten Handflächen seinem Lehnsherrn hin. Dieser umschloss sie dann mit seinen eigenen Händen.

Mit den zusammengelegten Händen bietet man Gott also seine Dienste an und überlässt sich zugleich seinem Schutz und seinem Willen.

Hände falten

Das Händefalten, das heißt das Zusammenlegen der Handflächen und gleichzeitige Verschränken der Finger, war ursprünglich eher selten. Papst Gregor beschreibt diese Gebärde bei Scholastika, der Schwester des hl. Benedikt von Nursia. Sie soll mit ineinander verschränkten Fingern so inständig gebetet haben, dass Gott ihren Bruder durch Regen und Donner zwang, die Nacht in geistlichen Gesprächen mit ihr zu verbringen.[49]

Die Gebärde drückt ein intensives Flehen und Ringen mit Gott aus. Seit der Reformation hat sie sich im evangelischen Bereich als vorherrschende Gebetshaltung durchgesetzt. Mit dem Verschränken der Finger zeigt der Beter auch an: Er hat keine Waffe mehr in der Hand, Schwert und Dolch sind abgelegt. Er ergibt sich bedingungslos dem Wirken seines Schöpfers und Erlösers.

Hände über der Brust kreuzen

Viele Menschen rund um den Globus kreuzen die Hände über der Brust, wenn sie intensiv bitten und beten. In der ostkirchlich-orthodoxen Tradition gehen die Gläubigen mit gekreuzten Händen zur Kommunion. Auch im römisch-katholischen Bereich war das lange eine weitverbreitete Ehrfurchtsgebärde.

Anselm Grün schreibt dazu:

Diese Gebärde drückt Hingabe aus. Wehrlos, aber zugleich voll Vertrauen überlassen wir uns Gott. Diese Gebärde erinnert auch an eine Umarmung. Wir halten etwas Kostbares in unserm Innern. Wir halten das göttliche Kind in uns und wir wiegen es zärtlich und ehrfürchtig. Auf manchen Weihnachtsbildern kniet Maria vor dem göttlichen Kind mit gekreuzten Armen.

Es ist eine zurückhaltende und zugleich zärtliche Geste, mit dem Wissen um das Geheimnis Gottes, der nicht nur vor uns ist, sondern auch in uns. Wir schaffen mit dieser Gebärde Raum in uns, und wir öffnen uns selbst dem Ort in uns, in dem Gott schon wohnt. Wir erfahren uns neu, wir spüren etwas von unserem eigenen Geheimnis.

Für mich ist das eine Gebärde, mit der ich an Weihnachten das Wunder der Geburt Jesu meditiere, der ja an diesem Fest in mir neu geboren werden will. Ich brauche zärtliche Hände, um das göttliche Kind in mir zu spüren. Aber ich fühle dann auch etwas von dem Frieden, der von ihm ausgeht, und von der Lebendigkeit, Zartheit und Liebe, mit der mich Gott erfüllt.[50]

Hände vor das Gesicht halten

In der römisch-katholischen Tradition war es seit dem Mittelalter üblich, nach dem Empfang der Kommunion die Hände vor das Gesicht zu halten, sich in seinen Händen gleichsam zu vergraben, um Gott zu danken.

In dieser Gebärde sondern sich die Gläubigen von allem um sie herum ab, sie versenken sich in das eigene Herz. Insofern ist es eine zutiefst kontemplative Haltung. Die Betenden lassen sich durch nichts stören oder ablenken, um sich in Gott zu verlieren. Wer so betet, verdeckt sein Gesicht, um das Angesicht Gottes zu erahnen oder gar zu schauen in kontemplativer Versenkung.

Bekreuzigen

Das Kreuzzeichen ist seit den Anfängen des Christentums bekannt und üblich. Es war ursprünglich vor allem ein Schutzmittel gegen das Böse und ein Bekenntnis zu Jesus Christus, dem Gekreuzigten. Cyrill von Jerusalem (313-386) schreibt in seinen Katechesen:

> *Schämen wir uns also nicht, den Gekreuzigten zu bekennen! Besiegeln wir vertrauensvoll mit den Fingern die Stirn, machen wir das Kreuzzeichen auf alles, auf das Brot, das wir essen, über den Kelch, den wir trinken! Machen wir es beim Kommen und Gehen, vor dem Schlaf, beim Niederlegen und Aufstehen, beim Gehen und Ruhen. Groß ist dieses Schutzmittel.*[51]

Das Kreuzzeichen hat die Christenheit durch zwei Jahrtausende hindurch in ihrem Alltag begleitet. In dieser einfachen Gebetsgebärde haben die Gläubigen die Erlösung durch das Kreuz Christi in alle Bereiche ihres Lebens hineinfließen lassen. Alles stand durch diese heilige Geste unter dem Schutz Jesu, unter seinem Segen, unter seiner Liebe.

Sicher wurde auch dieses Zeichen oft oberflächlich gemacht oder magisch missdeutet. Dadurch wurde es in der evangelischen Tradition immer weniger geübt und am Ende gar nicht mehr praktiziert. Es galt als «katholisch» und wurde allein schon deshalb abgelehnt.

Aber es gibt keine wirklich stichhaltigen Argumente gegen diese Gebetsgebärde. Schon in Martin Luthers *Kleinem Katechismus* heißt es in der Einleitung zum Morgensegen: «Des Morgens, wenn du aufstehst, kannst du dich segnen mit dem Zeichen des heiligen Kreuzes und sagen: ‹Das walte Gott Vater, Sohn und Heiliger Geist! Amen.›» Entsprechendes empfiehlt Luther auch für den Abendsegen.[52]

Entscheidend ist hierbei die Erkenntnis: Das Kreuzzeichen wirkt nicht aus sich selbst heraus, sondern nur aufgrund des Inhalts, mit dem es gefüllt ist. Es erinnert an das Kreuz Christi, durch das Jesus das Heil für uns Menschen erwirkt und den Sieg über das Böse und den Tod errungen hat. Im Zeichen des Kreuzes kommt die Erlösung Jesu gleichsam auf uns herab, sie berührt unseren Leib, die Menschen um uns herum und all unser Tun. Das Kreuzzeichen nimmt auf diese Weise die Inkarnation Gottes ernst und setzt sie in eine äußerlich sichtbare Gebärde um.

Beten mit dem Leib in der dominikanischen Tradition

Bereits aus dem 13. Jahrhundert ist eine bebilderte Handschrift überliefert, in der beschrieben wird, wie der Gründer des Dominikanerordens, der hl. Dominikus (1170-1221), «leiblich betete»[53].

Der Inhalt und die Bilder der Handschrift stellen Dominikus in verschiedenen Körperhaltungen beim Gebet dar. Für ihn war das Gebet mehr als ein stummes Gespräch, nämlich immer ein

«Gebet mit Leib und Seele». Auf diese Weise gelangte er mit seinem ganzen Wesen in eine innige Gemeinschaft mit Gott.

Nach dem Vorbild von Dominikus pflegten die ersten Generationen seiner Brüder und Schwestern – meist in der Nacht – die sogenannten «stillen Gebete», bis diese dann in der zweiten Hälfte des 14. Jahrhunderts verschwanden.

Zu den Gebetsweisen des Dominikus zählen unter anderem das Verneigen, Ausgestreckt-auf-der-Erde-Liegen, Stehen vor Gott, Aufheben oder Falten der Hände sowie das Sitzen vor Gott und Schweigen.

Besonders eindrücklich ist eine Darstellung, auf der Dominikus mit weit ausgespannten Armen vor dem Kreuz betet. Es scheint, als wolle er die Balken des Kreuzes verlängern helfen, damit sie die ganze Welt umarmen können. Wie Christus am Kreuz, so steht er völlig offen und schutzlos da – bereit, Liebe zu schenken, um Liebe zu wecken.

Heilsame Erfahrungen

Wer sich auf eine bestimmte Gebetsgebärde einlässt und sie übt, spürt die verändernde Kraft, die davon ausgeht.

Es gibt Gläubige, die erst mithilfe von bestimmten Körperhaltungen einen echten Zugang zu Gott und seiner Wirklichkeit gefunden haben. Und es gibt sogar Menschen, die durch eine besondere Gebetsgebärde wieder zu ihrer ursprünglichen Berufung zurückgebracht wurden.

Ein bewegendes Beispiel hierfür erzählt der heutige Bischof von Hildesheim, Heiner Wilmer, am Ende seines Buches *Gott ist nicht nett – Ein Priester fragt nach seinem Glauben*. Wilmer hat sich in einer Berufs- und Glaubenskrise, auch erschüttert durch den Tod seines Vaters, eine Auszeit genommen. Während dieser Zeit «flüchtet» er nach Vézelay, einem berühmten, altehrwürdigen Wallfahrtsort im Herzen Burgunds.

Das Zentrum dieses kleinen Städtchens ist die am höchsten Punkt des Ortes gelegene romanische Wallfahrtskirche *Sainte-Marie-Madeleine*, eine ungewöhnlich große, lichtdurchflutete Basilika, die Maria Magdalena zur Schutzpatronin hat.

Eines kalten Februartags kommt für Wilmer die Wende: Die Sonne ist an jenem Tag längst untergegangen, die prachtvolle Kirche leer, aber erstaunlicherweise nicht abgeschlossen. Kurz vor Mitternacht gelangt der einsame Priester nun in das dunkle und verlassene Gotteshaus. Dann geht alles wie von selbst:

> *Ich gehe in die Knie, auf den Boden. Das habe ich schon ewig nicht getan aus Angst, dass mich jemand beobachten könnte. Lang auf den kalten Steinboden, den Kopf Richtung Altar, die Zehenspitzen aufgestellt. So, wie ich schon bei der Feier des ersten Gelübdes gelegen hatte, und genauso, wie ich einige Jahre später bei der Priesterweihe ausgestreckt vor dem Altar gelegen hatte.*
>
> *Ich bin auf einmal so dankbar für mein Leben, für meinen verstorbenen Vater, dem ich ähnlicher geworden bin als ich gedacht hatte, für meine Berufung, für alle Menschen, die mich in meinem Leben getragen haben und es immer noch tun. Dankbar für diese ungestillte Sehnsucht nach Gott. Ich bleibe hier, bei ihm, ohne ihn zu sehen, auf dem Boden.*
>
> *«Wachet und betet», hat er zu seinen Jüngern gesagt. Warum sollte es zweitausend Jahre später anders sein? … Wachet und betet. Na gut. Ich tu's. Ich liege auf dem Boden. Vor der Dunkelheit, vor der grabesgleichen Stille. Hier bin ich. Adsum.*[54]

Übungen

Mit erhobenen Händen beten

Eine erste einfache Übung im leiblichen Gebet ist das Gebet mit erhobenen Händen. Wenn du dies praktizierst, kehrst du damit zurück zur Urform des christlichen Gebets, zu der Art und Weise, wie Jesus und seine Jüngerinnen und Jünger gebetet haben.

Wenn du in dieser Haltung betest, ist es wichtig, einen guten Stand zu haben. Sonst könnte dich die Haltung auch nach oben «wegziehen». Du würdest vor deinem Alltag fliehen. Es geht jedoch darum, dein ganzes Leben mit seinen Licht- und Schattenseiten, deinen «normalen» Alltag für Gott zu öffnen.

Frage dich: Wie erfährst du dich selbst und wie erfährst du Gott in dieser Haltung? Du wirst spüren: Du erfährst dich weit und offen. Gefühle wie Freude und Freiheit werden spürbar, depressive Gefühle können sich auflösen.

Ich persönlich habe diese Gebärde immer als wohltuend empfunden. Wir ahnen etwas von der Größe und Weite Gottes. Gott ist der, der uns weiten Raum schafft, der uns in die Fülle führt.

Und zugleich fühlen wir uns in dieser Gebärde offen für alle Menschen. Der Himmel, der sich über dir und mir öffnet, öffnet sich auch über den anderen. Wir alle leben unter demselben Himmel, und der möge uns in sein mildes Licht tauchen und uns innerlich weiten und befreien.

Fünf Schritte zum «Gebet mit Leib und Seele»

Besonders empfehlen möchte ich auch das «Gebet mit Leib und Seele», das ich in einem Haus der Stille im Rheinland kennengelernt und für mich etwas modifiziert habe. Nutze auch gerne den QR-Code oder den Link (s. S. 21), um dich durch die einzelnen Schritte der Übung führen zu lassen.

Bevor es losgeht: Stelle dich bewusst hin, mit beiden Beinen gut geerdet, so dass Spannung nach unten abfließen kann und du aufrecht vor Gott stehst, zum Himmel hin geöffnet. Nun beginnt die eigentliche Kontemplation.

Schritt 1:

Erwäge in deinem Herzen, wie Gott dich hier und heute anschaut – freundlich, gütig, barmherzig, liebevoll …

Schritt 2:

(Nimm beide Hände vor deine Brust und stelle dir vor:)

In der einen Hand ist alles, was gut und schön ist an dir, was du an dir magst und was du gut kannst, worauf du stolz sein darfst und wofür du dankbar bist …

In der anderen Hand ist alles, was nicht so gut ist an dir, wofür du dich manchmal schämst, was du an dir verachtest, deine Schwächen und Fehler, das, womit du dir selbst und anderen manchmal auf die Nerven gehst …

Schritt 3:

(Falte deine Hände zusammen:)

Füge beides durch Gottes Gnade zusammen, weil beides zu dir gehört, die Licht- und die Schattenseiten, deine Stärken und deine Schwächen. Gott will, dass du ein ganzer Mensch wirst.

Schritt 4:

(Lasse deine Hände nach unten fallen:)

Überlasse alles, was du bist und hast, deine Stärken und Schwächen, der Barmherzigkeit Gottes. Lasse dich selbst los, überlasse dich Gott und vertraue ihm alles an.

Schritt 5:

(Führe nun langsam deine Hände nach oben:)

Strecke dich aus: nach oben, zum Himmel hin, zum Licht hin, zu Gott hin. Öffne dich seiner Liebe, seiner Kraft, seinem Segen.

Schritt 6:

Bitte Gott, dass er seinen Segen vom Himmel her in dich einströmen lässt:

- in dein Denken *(streiche dir über den Kopf)*
- in dein Sehen *(streiche dir über die Augen)*
- in dein Hören *(streiche dir über die Ohren)*

- in dein Reden *(streiche dir über den Mund)*
- in dein Fühlen *(lege die Hände aufs Herz)*
- in deinen ganzen Leib *(lasse die Hände nach unten hin los)*
- in dein ganzes Leben.

Schritt 7:

Verneige dich in Dankbarkeit vor der Mitte und Quelle deines Lebens.

KAPITEL 8

Atem schöpfen
Atemkontemplation

Es ist noch ein Aufatmen vorhanden für das Volk Gottes.

Hebräer 4,9 (Eig.)

In meiner lauten und hektischen Welt
atme ich oft viel zu kurz und zu flach –
doch sobald ich auf meinen Atem achte,
der mich am Leben hält bei Tag und bei Nacht,
kann ich mich ihm ganz überlassen,
kann ich erfahren, wie Gottes Lebensatem
in mir atmet und wirkt,
mich durchströmt und erfrischt.

In der Atemkontemplation
kann ich auch kurze Gebetsworte
in meinen Gedanken so oft wiederholen,
dass sie durch den Rhythmus von Ein- und Ausatmen
tief in mir verankert werden.
So kann ich äußerlich wie innerlich
im Heiligen Geist aufatmen
und neue Lebens- und Glaubenskraft gewinnen.

Es ist noch ein Aufatmen vorhanden für das Volk Gottes.

Hebräer 4,9 (Eig.)

Ich erinnere mich noch gut, wie ich als junger Theologiestudent – ich hatte eine anstrengende Lese- und Lernwoche hinter mir – an einem Sonntagmorgen nach einem bewegenden Gottesdienst allein über einen Bergrücken spazierte. Ich ließ mir den frischen Westwind um die Nase wehen und hatte das herrliche Gefühl: Ich kann wieder aufatmen, neu aufatmen in Gott.

Ich durfte das Verbrauchte und Mühsame der vergangenen Woche bis ins Letzte ausatmen und etwas Neues in vollen Zügen einatmen. Es belebte und erfrischte mich auf ungeahnte Weise. Ich dachte: So muss das Wort «Gnade» gemeint sein!

Später wurde mir klar, dass das kontemplative, das betende Atmen uns mit dem großen «Atem Gottes», dem Heiligen Geist, auf eine Weise verbinden kann, die über Denken und Fühlen weit hinausgeht. Ich lernte, bewusster und tiefer zu atmen, als ich das früher getan hatte, und spürte die heilsame Wirkung, die darin liegt.

Besonders nach einer stressigen Woche, nach langen Stunden der Schreibtischarbeit, schwierigen Begegnungen oder der Konfrontation mit schlimmen Nachrichten half es mir sehr, anschließend an der frischen Luft mit einem herzhaften Seufzer auszuatmen, still zu werden und dann wieder bewusst tief einzuatmen.

Als ich mir vergegenwärtigte, wie uns der Geist Jesu auf geheimnisvolle Weise durchströmt, wie er uns mit «unaussprechlichem Seufzen» (Römer 8,26; LUT) vor Gott vertritt und unserer Schwachheit aufhilft, da wurde mir klar, wie heilsam das ist: Als Christen können und dürfen wir «Jesus atmen»!

Biblische Grundlagen

Im Schöpfungsbericht aus 1. Mose 2 heißt es in tiefsinniger Formulierung:

> *Da nahm Gott, der HERR, etwas Staub von der Erde, formte daraus den Menschen und blies ihm den Lebensatem in die Nase. So wurde der Mensch ein lebendiges Wesen.*
>
> 1. MOSE 2,7

Wenn Gott seinen Lebensatem in uns hineinbläst, werden wir und bleiben wir lebendig. Wenn Gott seinen Lebensatem wieder aus uns in sich zurückzieht, nennen wir das «Sterben» oder «Tod».

Die Bibel spannt hier einen weiten Horizont auf, in dem uns bewusst werden kann, woher wir kommen, was uns Kraft und Leben gibt und wohin wir am Ende gehen. In Psalm 104 wird das auf die ganze Schöpfung ausgeweitet. In den Versen 29-30 heißt es da:

> *Wenn du dich von [deinen Geschöpfen] abwendest, müssen sie zu Tode erschrecken. Ja, sie sterben und werden zu Staub, wenn du ihnen den Lebensatem nimmst. Doch wenn du deinen Geist schickst, wird neues Leben geschaffen, und die Erde kann sich wieder entfalten.*

Nur durch den «Lebensatem Gottes», den göttlichen Geisthauch, werden wir über dem Abgrund des Nichts gehalten und sind wir lebendig.

***

Nach einer alten jüdischen Überlieferung soll jeder Mensch in seinen Manteltaschen zwei Zettel haben.

Auf dem einen Zettel soll zu lesen sein: «Von der Erde bist du genommen und zur Erde sollst du wieder werden.» Und auf dem anderen: «Der Geist Gottes atmet in dir.»

Und je nachdem, in welcher Verfassung wir uns befinden, sollen wir den einen oder den anderen Satz aus der Tasche ziehen, lesen und beherzigen.

Wenn wir hochmütig, stolz und allzu selbstsicher sind, sollen wir den Zettel herausnehmen, auf dem steht: «Von der Erde bist du genommen und zur Erde sollst du wieder werden.» Dann sollen wir uns erinnern an unsere irdische Hinfälligkeit und Vergänglichkeit. Aus Staub sind wir gemacht. Wir sind sterbliche Wesen.

Wenn wir aber niedergeschlagen, verzagt und mutlos sind, dann sollen wir den Zettel mit der anderen Botschaft zur Hand nehmen: «Der Geist Gottes atmet in dir.» Wir sollen uns erinnern an unseren göttlichen Ursprung. Unser Leben kommt von Gott her, und es ist *sein* heiliger Lebenshauch, der in uns wirken kann und will.

***

In Psalm 150, dem «Großen Halleluja», in den das Buch der Psalmen am Ende einmündet, heißt es im letzten Vers: «Alles, was Odem [das heißt Atem] hat, lobe den HERRN! Halleluja!» (Psalm 150,6; LUT).

Welch eine befreiende Vorstellung: Wir sind gerufen, in den großen Chor alles Lebendigen einzustimmen. Zusammen mit allem, was atmet, dürfen wir aus voller Kehle und mit ganzem Herzen den höchsten Gott loben!

Frischer Wind für Leib und Seele ...

Dem Geisthauch und der Geistkraft Gottes im Alten Testament (hebräisch *ruach)* entspricht im Neuen Testament das griechische Wort *pneuma*. Dieser Begriff kommt von *pneo*, das bedeutet «wehen, hauchen, atmen».

Kurz nach Ostern, so berichtet der Evangelist Johannes, kommt der auferstandene Christus seinen Jüngern entgegen und schenkt ihnen seinen Geist: «Nach diesen Worten *hauchte* er sie an und sprach: ‹Empfangt den Heiligen Geist!›» (Johannes 20,22).

Der Geist Gottes wird im Neuen Testament mit einem zarten Hauch, einem frischen Wind, mitunter auch mit einem gewaltigen Sturm verglichen.

In der Pfingstgeschichte erscheint er als ein stürmisches Brausen vom Himmel, welches das ganze Haus erfüllt und weithin in Jerusalem zu hören ist (Apostelgeschichte 2,2). Sodann zeigt er sich als ein göttliches Feuer, das brennt, aber nicht verzehrt, und sich auf jedem der Versammelten niederlässt. Auf diese eindrucksvolle Weise werden die Jüngerinnen und Jünger mit dem Heiligen Geist erfüllt und all ihre Angst und Verzagtheit vertrieben.

***

Schon in den Evangelien wird uns eine innere Stärkung verheißen, die durch das Aufatmen in Gott, in der Gegenwart Jesu und in der Kraft des Heiligen Geistes geschieht. So sagt Jesus in Matthäus 11,28: «Kommt alle her zu mir, die ihr euch abmüht und unter eurer Last leidet! Ich werde euch Ruhe geben.»

Jesus meint hier: Wir können in seiner Gegenwart echten Frieden finden, Ruhe genießen, neue Kraft tanken, neuen Atem schöpfen. Wir treten damit in das sabbatliche Geschehen ein, das bereits im Schöpfungsakt angelegt ist. Gott selbst sagt: «Zwischen mir und den Israeliten ist der Sabbat ein Zeichen für immer, denn in sechs Tagen hat der HERR Himmel und Erde gemacht, am siebten Tag aber ruhte er und *schöpfte Atem*» (2. Mose 31,17; ZÜR).

Von dieser Ruhe, in der wir neuen Atem schöpfen können, redet auch der Hebräerbrief (Kapitel 4). Der Autor des Briefes erinnert an eine verheißene Sabbatruhe, ein mögliches Aufatmen nach aller Bedrängnis, welches das Volk Israel damals in der Wüste durch sein Murren verscherzt hat. Die Verheißung wurde zu jener Zeit nicht eingelöst und ist daher noch offen – und zwar bis heute offen für alle, die an Christus glauben. So lädt der Briefschreiber uns ein mit den Worten: «Darum lasst uns alles daransetzen, zu dieser Ruhe Gottes zu gelangen» (Hebräer 4,11).

Schätze aus der christlichen Tradition

Die ersten christlichen Mönche und Nonnen, die in der Stille und Einsamkeit der ägyptischen Wüste lebten, entdeckten die

Möglichkeit, mit dem Atem Gebetsworte zu verbinden. Sie hatten erkannt, dass der Atem, der ja nicht nur bewusst, sondern auch unbewusst abläuft, ein starkes Bindeglied zwischen Leib und Seele darstellt.

Obwohl «es» in uns atmet bei Tag und Nacht, können wir den Atem auch bewusst beeinflussen und uns immer wieder darauf fokussieren. Selbst wenn wir gedanklich abschweifen, werden wir doch unweigerlich ins Einatmen und Ausatmen zurückkommen.

Der Atem hilft also der Beruhigung des Geistes und der Sammlung im Gebet.

Die «Wüstenväter» und «Wüstenmütter» übten sich darin, beim Ausatmen jedes Mal ein einziges Gebetswort – und zwar nur dieses eine! – still für sich oder auch laut auszusprechen. Diese Ein-Wort-Gebete erfuhren sie als hilfreich und heilsam.

Welches Wort sie jeweils auswählten, überließen sie oft dem Rat ihrer geistlichen Begleiter. Es waren Worte und Namen wie etwa «Jesus», «Heiliger Geist» oder auch «Erbarmen», «Gnade», «Liebe» oder ähnliche zentrale geistliche Begriffe.

***

Von Gerhard Tersteegen, dem großen evangelischen Mystiker und Liederdichter, stammen die Verse:

Luft, die alles füllet,
drin wir immer schweben,
aller Dinge Grund und Leben,
Meer ohn Grund und Ende,
Wunder aller Wunder:
ich senk mich in dich hinunter.

Ich in dir, du in mir,
lass mich ganz verschwinden,
dich nur sehn und finden.[55]

Hier ist zu spüren, wie sich ein aufrichtiger Gottsucher ganz in das Geheimnis der Atmung hineingibt und dabei von Worten aus dem Johannesevangelium leiten lässt. In Johannes 15,5 heißt es ja: «Wer in mir bleibt und ich in ihm, der bringt viel Frucht» (LUT).

Tersteegen betete offenbar beim Ausatmen «Ich in dir» und beim Einatmen «Du in mir». An seinem ganzen Dichten, Schreiben und Wirken ist ersichtlich, dass er *durch* Christus und *in* Christus viel Frucht hervorgebracht hat. Die Quelle dafür war seine Atemkontemplation auf biblischer Grundlage.

Heilsame Erfahrungen

Pater Beda Müller (1914-2009), ehemaliger Benediktinermönch und Meditationsleiter im Kloster Neresheim auf der Schwäbischen Alb, hat seine Erfahrungen mit dem kontemplativen Atmen einmal in kurzen «Atemgebeten» zusammengefasst, die sich als segensreich bewährt haben (siehe unten bei den *Übungen*).[56]

Er betont dabei, dass die «Atemworte» nicht als Themen zum Nachdenken gedacht sind, sondern als Impulse, um das eigene Denken und Wollen, die inneren Bilder und Ängste loszulassen und sich vollständig dem Wirken des Heiligen Geistes hinzugeben. Sie sollen, verbunden mit dem Atem, gleichsam ein «Geländer» sein, an das man sich halten kann beim Eintreten in den heiligen Raum des äußeren und inneren Schweigens.

Pater Beda schreibt:

Es ist erstaunlich, welche Hilfe allein schon die Beobachtung des Atemgeschehens für die Meditation darstellt … Wenn es uns gelingt, den Atem im Zwerchfell zu entfalten, dann kann allein schon diese Übung uns von der Kopflastigkeit befreien, unter der wir so oft leiden. Meditation als ‹Weg zur Mitte› ist zunächst ganz einfach zu verstehen als Zentrierung in der Leibesmitte, wo das Herz schlägt und der Atem ein- und ausgeht. In einem weiteren Sinn ist dann mit dem ‹Weg zur Mitte› die Öffnung für die ‹andere Welt› gemeint, die wir mit dem Wort ‹Gott› bezeichnen.[57]

Über viele Jahrzehnte hinweg hat die christliche Atemmeditation, die im Kloster Neresheim unter der Leitung von Pater Beda geübt wurde, unzähligen Menschen geholfen.

Übungen

Vorübungen zur Bauchatmung

Ein besonders wichtiger Aspekt in jeder Meditation und Kontemplation ist das tiefe und gründliche Atmen. Eine gute «Vor-Übung» hierfür ist die sogenannte «Bauchatmungsübung», die sogar von Krankenkassen empfohlen und als gesundheitsfördernd unterstützt wird. Sie hilft uns, die gewöhnliche Kurzatmung und Flachatmung, wie sie in der westlichen Zivilisation verbreitet ist (bei der Arbeit im Büro, am Bildschirm etc.), zu überwinden – hin zu einer freien, langen und tiefen Bauchatmung.

Die Übung geht folgendermaßen:

Lege deine Hände auf die Brust und achte darauf,
wie sich der Brustkorb beim Atmen hebt und senkt.
Danach fühle mit den Händen auf dem Bauch,
wie er sich bei der Atmung mitbewegt.
Lege deine Hände schließlich seitlich an die unteren Rippen
und spüre, wie sich die Rippen nach außen schieben.
Bei der Vollatmung, der idealen Form der Atmung,
kommt es in allen drei Bereichen
zu deutlich spürbaren Bewegungen.

Diese Übung kann ergänzt werden durch die Atemübung «4711», die ebenfalls medizinisch erprobt und empfohlen ist. Man kann sie sich nicht nur gut merken, sie ist auch einfach umzusetzen:

Lege dich entspannt hin. Nun atme vier Sekunden ein und sieben Sekunden aus, was dir zu Beginn der Übung vielleicht sehr lang vorkommt. Dasselbe wiederhole insgesamt elfmal.

(Die Übung entschleunigt und kann daher auch helfen, wenn du Probleme beim Entspannen oder Einschlafen hast!)

***

Die beiden geschilderten Übungen sind eine gute Vorbereitung auf eine biblisch fundierte Atemkontemplation.

Wir atmen bei dieser Kontemplation frei, lang und tief im oben erwähnten Sinn. So spüren wir unseren Atem unmittelbar als Lebensquelle und Verbindung mit dem Geisthauch Gottes, der uns am Leben hält und immer wieder neu lebendig macht.

Wir machen uns klar: Was ausgeatmet werden muss, weil es verbraucht ist, muss auch ausgeatmet werden. Wenn wir die verbrauchte Luft ausgeatmet haben, dann ist ein Moment Stille, dann ist gar nichts in unserer Lunge. Erst dann können wir wieder die frische Luft und den frischen Sauerstoff einatmen.

Das Ausatmen und das Einatmen ist ein Gleichnis für unsere Kommunikation mit Gott, wie sie in der Vergebung der Sünden und im Empfangen des Heiligen Geistes geschieht.

Vergebung heißt ja: Ich darf das Alte und Schlechte und Verbrauchte in mir ausatmen in die Barmherzigkeit Gottes hinein.

Empfangen des Heiligen Geistes heißt: Ich darf das Neue, von Gott Geschenkte, ich darf Glauben, Liebe und Hoffnung von Gottes Gnade her in mich einatmen.

Atemkommunikation mit Gott

Nun können wir eine echte geistliche Übung daraus machen. Was geschieht in ihr?

Das Schlechte,
das Alte,
das, worauf du gerne verzichten möchtest,
das, was du gerne loswerden möchtest,
das darfst du ausatmen …

Das Gute,
das Neue,
das Erfrischende,
das Belebende,

das Inspirierende
darfst du in dich einatmen …

Durch diese kleine geistliche Übung können wir uns innerlich öffnen für die Dynamik der Heilsgeschichte, in die wir verwoben sind. Der Wechsel von Ausatmen und Einatmen erinnert uns daran, dass unsere alte Welt untergeht und eine neue Welt aufgeht, dass die Sünde aufhört zu existieren und die Gnade wieder Neues emporwachsen lässt, dass, wie Paulus sagen würde, das Alte in uns um Jesu willen gekreuzigt wird und das Neue um Jesu willen in uns auferstehen darf.

Atemgebete nach Beda Müller

Die «Atemworte», die sich in der Meditationsschule von Pater Beda als heilsam erwiesen haben, werden im Rhythmus des Atems wiederholt, und zwar jeweils beim Einatmen die kursiv gedruckten Worte und beim Ausatmen die unterstrichenen Worte (alle anderen Teile dienen hier nur der Erklärung und werden bei der eigentlichen Übung nicht mitgesprochen).

- «*Ich werde* – getragen.»
- «Sich loslassen, sich niederlassen, eins werden lassen, *neu kommen lassen.*»
- «Los von mir – hin zu dir – eins mit dir – *neu aus dir.*»
- «Wie der Baum.» (Der Baum ist mit seinem Sonnen- und Erdtrieb ein Gleichnis für den Menschen mit seiner zweifachen Lebensbewegung des Betens und Arbeitens.)
- «Ich atme.» (Du darfst staunen über das Wunder des Atems und die einzigartige Atmosphäre unserer Erde.

Diese hauchdünne Lufthülle ist ein Meisterwerk der Schöpfung, das es – bis jetzt! – fertigbringt, sich immer wieder selbst zu reinigen.)

- Nach dem bekannten Lied von Gerhard Tersteegen: «Gott ist gegenwärtig. Lasset uns anbeten und in Ehrfurcht vor ihn treten. Gott ist in der Mitte. Alles in uns schweige und sich innigst vor ihm beuge.»[58]
- Nach Psalm 139: «Du kennst mich.»
- Nach der Lesung von Johannes 1,35-39: «*Wie die Jünger* bei dir bleiben.»
- Vor dem Kreuz oder einem Christusbild: «Du liebst mich.»
- Nach Johannes 3,30: «*Du sollst wachsen* – ich soll abnehmen.»
- Nach Römer 8,26: «Bete in mir, *Heiliger Geist!*»
- Nach dem Empfang des Abendmahls: «Du in mir – *ich in dir.*»
- Nach Psalm 23 («Der Herr ist mein Hirte»): Hier eignen sich viele Worte oder Wortgruppen als Einstieg in eine Atemmeditation, zum Beispiel der Begriff «Erquickung».
- Du kannst auch das Vaterunser oder ein anderes bekanntes Gebet in Zeitlupe beten, indem du eine Wortgruppe eine Zeit lang mit dem Atem wiederholst, bis du den Eindruck hast, die Worte seien in deinem Herzen angekommen.
- Und zu guter Letzt kannst du dich beim Ausatmen ganz Jesus zuwenden mit den Worten «Du», «Dich», «Dein» oder «Dir». Von diesen Worten kannst du jeweils eins auswählen und so lange mit dem Ausatmen wiederholen, bis aus dem Wort ein Gebet keimt, wächst und blüht. So kannst du im wahrsten Sinne des Wortes «Jesus atmen».

KAPITEL 9

Stille erfahren
Schweigendes Gebet

Meine Seele ist stille zu Gott, der mir hilft.

Psalm 62,2 (LUT)

*Wenn ich den Mut aufbringe,
in die Stille zu gehen und in der Stille zu bleiben,
mache ich die Erfahrung, die Jesus in der Wüste gemacht hat,
und ich erlebe, was bereits viele seiner Nachfolger
in der bewusst gewählten Einsamkeit erlebt haben:*

*Gott spricht zu mir –
oft erst nach längerem Schweigen,
nach längerem Ausharren,
doch er spricht!*

*Er besänftigt mein Herz,
gebietet der sinnlosen Zerstreuung Einhalt
und bringt den inneren Lärm zum Schweigen.
Er hilft mir durch sein Wort und seinen Geist,
wenn ich still genug geworden bin für das,
was höher, weiter und tiefer ist
als ich selbst und meine laute Welt.*

Meine Seele ist stille zu Gott, der mir hilft.
Psalm 62,2 (LUT)

Es geschah in einem kleinen flachen Holzhaus am Rande des Klosters Beuron an der Donau. Aus reiner Neugier hatte ich mich als junger Student dorthin auf den Weg gemacht, um das erste Mal in meinem Leben zu «meditieren». Unter Anleitung eines Benediktinermönchs wollte ich – zusammen mit anderen Teilnehmern des Meditationskurses – eine knappe Woche lang in diese mir neue Form von Geistesübungen eingeführt werden.

«Meditation» war damals im Raum der evangelischen Kirche, in dem ich aufgewachsen war, weithin unbekannt oder sogar verpönt. Man witterte die Einflüsse hinduistischer und buddhistischer Spiritualität und warnte davor, sich auf diese «evangeliumsfremden» Wege zu begeben. Ich wollte mich dennoch dieser Erfahrung stellen und ließ mich auf die Sitzmeditation ein.

Wir saßen in einem hellen, lichtdurchfluteten Raum in großer Runde auf flachen Meditationsschemeln. Es hieß, wir sollten einfach geerdet und aufrecht dasitzen, ruhig atmen und dabei an «nichts» denken. Es war still, am Anfang sogar erschreckend still.

Doch dann beruhigte und weitete sich mein Bewusstsein deutlich, und ich «hörte» die Stille auf eine mir bis dahin völlig unbekannte Weise. Es war, als ob sie sanft und mächtig zugleich zu mir sprach.

Die in der Meditation erlebte tiefe Stille klärte meinen Geist. Ich hatte das Gefühl: Auf dem dunklen Grund meiner Seele wurde es auf einmal ganz hell und friedvoll. Ich hatte einen neuen Kontinent religiöser Erfahrung entdeckt!

***

Später habe ich selbst in verschiedenen Zusammenhängen geistliche Rüstzeiten geleitet, darunter auch mehrmals eine «Woche der Stille».

Es war interessant zu sehen, wie manche Teilnehmerinnen und Teilnehmer der Gruppe im Laufe der Woche immer mehr zum heilsamen Zentrum des Schweigens durchdrangen.

Andere hingegen konnten ab dem dritten Tag die Stille kaum mehr aushalten. Sie fanden das gemeinsame Schweigen schwierig und bedrohlich. Sie haben dann nie wieder an einer solchen Freizeit teilgenommen.

Wer aber auf den Geschmack gekommen war, freute sich jedes Jahr schon im Vorfeld auf diese Auszeit im Schweigen und Hören. So geht es auch mir: Seit meinem ersten Aha-Erlebnis als junger Student habe ich die Stille immer öfter gesucht und als Lebensquelle für mich entdeckt.

Biblische Grundlagen

Bereits im Psalmenbuch spielt die Stille eine wichtige Rolle als Zugang zu Gott.

So heißt es in Psalm 62,2-3 (LUT):

Meine Seele ist stille zu Gott, der mir hilft.
Denn er ist mein Fels, meine Hilfe, mein Schutz,
dass ich gewiss nicht wanken werde.

Und in Psalm 131,1-2 lesen wir:

HERR, ich bin nicht hochmütig
und schaue nicht auf andere herab.
Ich strecke mich nicht nach Dingen aus,
die doch viel zu hoch für mich sind.
Ich bin zur Ruhe gekommen,
mein Herz ist zufrieden und still.
Wie ein kleines Kind in den Armen seiner Mutter,
so ruhig und geborgen bin ich bei dir!

Einen weiteren biblischen Basistext für die kontemplative Erfahrung von Stille finden wir im 1. Buch der Könige. Dort wird berichtet, wie Gott sich dem Propheten Elia auf eine neue und unerhörte Weise offenbart:

Auf einmal zog ein heftiger Sturm auf, riss ganze Felsbrocken aus den Bergen heraus und zerschmetterte sie. Doch der HERR war nicht in dem Sturm. Als Nächstes bebte die Erde, aber auch im Erdbeben war der HERR nicht. Dann kam ein Feuer, doch der HERR war nicht darin. Danach hörte Elia ein leises Säuseln. Er verhüllte sein Gesicht mit dem Mantel, ging zum Eingang der Höhle zurück und blieb dort stehen.

1. KÖNIGE 19,11-13

Als Herr der Naturgewalten befiehlt der Gott Israels über Sturm, Erdbeben und Feuer, doch das unterscheidet ihn nicht wesentlich von den Naturgottheiten der umliegenden Völker. Sein wahres Wesen zeigt der Ewige jedoch in seinem Wort, das erst in der Stille hörbar wird. Das «stille, sanfte Sausen», wie es bei Luther heißt, ist wörtlich aus dem Hebräischen übersetzt «die Stimme einer sanften Stille». Gott offenbart sich in der Stille!

***

Auch in der Botschaft der Propheten geht es mitunter um die heilsame Kraft der Stille vor Gott. In Jesaja 30,15 lesen wir:

> *So spricht der HERR, der heilige Gott Israels: «Kehrt doch um zu mir und werdet ruhig, dann werdet ihr gerettet! Vertraut mir und habt Geduld, dann seid ihr stark! Doch das wollt ihr nicht.»*

Als der Prophet Jesaja diese Worte an das Volk Israel richtet, da ist es schier hoffnungslos durch das babylonische Großreich bedroht. Der König und seine Minister schmieden hektisch Pläne, wie man den Babyloniern vielleicht doch noch entgehen könnte. Es herrscht eine aufgeregte und politisch wankelmütige Atmosphäre. Man kommt schließlich auf die riskante Idee, sich bei den Ägyptern Hilfe zu holen.

In diese Situation hinein spricht Jesaja den Satz: «Wenn ihr umkehrtet und stille bliebet, so würde euch geholfen; durch Stillesein und Hoffen würdet ihr stark sein» (LUT).

Auch heute gilt: In akuten Krisenzeiten und bedrohlichen Situationen kann es hilfreich sein, bewusst innezuhalten, in die Stille zu gehen und abzuwarten, was sich dort als Wegweisung von Gott offenbart.

Ohne Stille gibt es keinen klaren Kurs. In der Stille erst entsteht die angemessene Ehrfurcht vor dem Heiligen und die Bereitschaft, auf ihn zu hören. Darum ist, wie die Bibel uns sagt, die Stille ein wesentlicher Teil der Gottesverehrung, auch im liturgischen Gottesdienst.

Beim Propheten Habakuk heißt es entsprechend: «Der HERR wohnt in seinem heiligen Tempel. Seid still vor ihm, ihr Menschen auf der ganzen Welt!» (Habakuk 2,20).

***

Vor diesem Hintergrund ist es verständlich, dass sich auch Jesus zu Beginn seiner Wirksamkeit, direkt nach seiner Taufe im Jordan, in die Wüste zurückzog. Er wählte diesen Ort der extremen Stille, um dort zu fasten, zu beten und den Versuchungen des Bösen zu widerstehen. Nur so konnte er innere Klarheit über seine Berufung und seinen Auftrag bekommen.

Auch später wird in den Evangelien berichtet, dass Jesus immer wieder vom Handeln ins Schweigen und Stillesein überging. Nach vollbrachten Wundertaten oder langen Predigten war es für ihn unverzichtbar, dem Andrang der Menschenmassen zu entkommen und eine Weile allein zu sein – sei es auf einem einsamen Berg (Matthäus 14,23) oder am anderen Seeufer (Markus 6,32). Was Jesus suchte, war die äußere und – vermittelt dadurch – auch innere Stille.

Der Evangelist Markus berichtet, wie Jesus auf diese Weise Macht bekam über alle Bedrohungen des Lebens. Die Geschichte von der Sturmstillung (Markus 4,35-41) zeigt dies besonders eindrücklich:

Jesus liegt ruhig schlafend in einem schwankenden Boot, während um ihn herum ein Unwetter auf dem See Genezareth tobt. Als er durch den Hilferuf der Jünger geweckt wird, reagiert Jesus sofort, er steht auf und gebietet dem Sturm und den Wellen Einhalt.

Am Ende, so heißt es in dem Bibeltext, entsteht «eine große Stille» (Vers 39; LUT). Für viele Christen liegt hierin bis heute eine starke Verheißung: In den Stürmen unseres Lebens dürfen wir uns hilfesuchend an Jesus wenden. In seiner Nähe können wir die Stille erfahren, die Rettung bringt und unser ängstliches Herz besänftigt.

Schätze aus der christlichen Tradition

Christliche Mystikerinnen und Mystiker haben zu allen Zeiten die Bedeutung des Stillewerdens und Stilleseins vor Gott hervorgehoben. Exemplarisch sei hier Meister Eckhart genannt, der in einer allegorischen Auslegung des Evangeliums von der Tempelreinigung (Matthäus 21,12) sagt:

> *Seht, dies sollt ihr fürwahr wissen: Will jemand anders in dem Tempel, das ist in der Seele, reden als Jesus allein, so schweigt Jesus, als sei er nicht daheim, und er ist auch nicht daheim in der Seele, denn sie hat fremde Gäste, mit denen sie redet. Soll aber Jesus in der Seele reden, so muss sie allein sein und* **muss selbst schweigen***, wenn sie Jesus reden hören soll. Nun denn, so geht er hinein und beginnt zu sprechen.*[59]

Ist es nicht eine wunderbare Verheißung, das eigene Bewusstsein als einen heiligen Ort anzusehen, an dem in der Stille eine echte Christusbegegnung möglich ist?

Wir müssen nur den Mut aufbringen, tatsächlich ins Schweigen zu gehen, dort zu verweilen und offen zu sein für den, der vom Himmel her zu uns spricht, wie es niemand sonst auf der Welt kann und tut.

Licht, das in die Seele fällt

In einer seiner Predigten verwendet Eckhart ein weiteres Gleichnis, um zu beschreiben, wie im Schweigen und in der Stille eine innige Gemeinschaft mit Gott entstehen kann. Es ist das Gleichnis vom Spiegel im Wasserbecken. Eckhart erklärt dazu:

> *Ich nehme ein Becken mit Wasser und lege einen Spiegel hinein und setze es unter den Sonnenball: dann wirft die Sonne ihren lichten Glanz aus der Scheibe und aus dem Grund der Sonne aus und vergeht darum doch nicht. Das Rückstrahlen des Spiegels in der Sonne ist in der Sonne (selbst) Sonne, und doch ist er (= der Spiegel) das, was er ist. So auch ist es mit Gott. Gott ist in der Seele mit seiner Natur, mit seinem Sein und mit seiner ganzen Gottheit, und doch ist er nicht die Seele. Das Rückstrahlen der Seele, das ist in Gott Gott, und doch ist sie (= die Seele) das, was sie ist.*[60]

Die menschliche Seele wird hier mit einem Gefäß verglichen, auf dessen Grund ein Spiegel liegt. Wie ein Spiegel alles abbilden kann, was vor ihn kommt, so kann auch das menschliche Bewusstsein alles in sich widerspiegeln, gute wie schlechte Dinge.

Durch seine besondere Beschaffenheit kann der Spiegel auch das hellste Licht reflektieren: die Sonne, das heißt in diesem Beispiel Gott. Gott will sich in einer reinen Seele spiegeln, wie die Strahlen der Sonne von einem klaren Spiegel zurückgeworfen werden, der auf sie gerichtet ist. Dieser Vorgang geschieht «ohne Unterlass» und hat zudem zwei Seiten: Die Sonne strahlt in den Spiegel hinein und erfüllt ihn völlig mit ihrem

Glanz, und der Spiegel strahlt seinerseits diesen Glanz wieder auf die Sonne zurück.

Man kann Eckharts Gleichnis entnehmen, in welchem Sinn die Vereinigung mit Gott gemeint ist: nicht so, als ob die menschliche Seele durch sich selbst göttlich werden könnte, sondern nur so, dass sie den geschenkten Glanz der Gottheit in sich beherbergen kann. Sie ist durch und durch abhängig von Gott. Die Einheit mit Gott ist keine naturhafte Einheit, sondern eine gnadenhafte Verschmelzung, ermöglicht durch die Gottebenbildlichkeit des Menschen und seine Bezogenheit auf Gott.

Durch das Wasser (= die Welt) hindurch kann das Licht Gottes uns erfüllen und zurückstrahlen durch die Welt – hin zu Gott!

Voraussetzung dafür ist allerdings, dass wir still werden, der täglichen Unruhe und inneren Betriebsamkeit eine Grenze setzen und warten, bis sich sozusagen das «Wasser im Wasserbecken» der Seele geklärt hat, bis es klar und durchscheinend geworden ist.

***

Ähnliches finden wir als einen «geistlichen Schatz» auch bei Martin Luther. In einer Weihnachtspredigt sagt er:

> *Gleichwie die Sonne in einem stillen Wasser gut zu sehen ist und es kräftig erwärmt, kann sie in einem bewegten, rauschenden Wasser nicht deutlich gesehen werden. Darum willst du auch erleuchtet und warm werden durch das Evangelium, so gehe hin, wo du still sein und das Bild dir tief ins Herz fassen kannst, da wirst du finden Wunder über Wunder.*[61]

In diesem Ausspruch von Luther wird deutlich, warum die Hinwendung zu Gott stets ein Weg in die Stille ist. Nur in einem stillen Wasser spiegelt sich die Sonne, und nur ein stilles Wasser wird von ihren Strahlen erwärmt. Darum empfiehlt Luther für die persönliche Schriftlesung einen Ort, an dem wir still sein und die Worte des Evangeliums tief in unser Herz fallen lassen können.

Das hier verwendete Bild ist ebenso einfach wie anschaulich: Die Liebe Gottes ist wie die Sonne, die Licht und Wärme schenkt. Die empfängliche Seele gleicht einem stillen und klaren Gewässer, und der Heilige Geist ist der Strahl, der die Seele erleuchtet.

Es geht also um *Erleuchtung* und *Erwärmung* durch das Evangelium – zwei Begriffe, die in der Theologie der mystischen Erfahrung stets eine große Rolle gespielt haben. Mystische Theologie – so zeigt dieser Text Luthers – kann sich durchaus (gut evangelisch!) ausschließlich am Wort Gottes orientieren. Glaube an das befreiende Wort Gottes heißt hier: sich still dem Wort aussetzen und vom Heiligen Geist in einen Raum der inneren Offenbarung führen lassen, der «Wunder über Wunder» in sich birgt.

Die innere Burg der Seele

Nur eine Generation nach Luther hat Teresa von Ávila ihre mystischen Erfahrungen zusammengefasst in ihrem Alterswerk *Die innere Burg der Seele*. Zu Beginn dieses Buches schreibt sie:

> *Da bot sich mir dar, was ich nunmehr sagen und als Fundament gebrauchen möchte: nämlich unsere Seele*

als eine Burg zu betrachten, die ganz aus einem Diamant oder einem sehr klaren Kristall besteht und in der es viele Gemächer gibt, gleichwie im Himmel viele Wohnungen sind … Ich finde nichts, mit dem sich die große Schönheit einer Seele, ihre Weite und ihre hohe Befähigung vergleichen ließe.[62]

Die Burg ist hier ein Bild für die Seele, in deren innerster Mitte Gott wohnt. Sieben Wohnungen sind auf diese Mitte hin angeordnet. Der innere Glanz der kristallenen Burg ist aber durch die Schwärze der Sünde dem geistigen Auge verdeckt. Der Mensch ist als natürlicher Mensch nicht bei sich selbst zu Hause, er ist außerhalb seiner selbst, draußen vor der Burg.

Der Schlüssel, der in die Burg hineinführt, ist das Gebet. Je innerlicher und aufrichtiger, je stiller und andächtiger es wird, umso tiefer führt es in die Mitte der Burg. Durch alle Gemächer langsam voranschreitend gelangt der Mensch schließlich – mit Gottes Gnade – in die «siebente Wohnung». Diese Wohnung versinnbildlicht den Zustand der glückseligen Vereinigung mit Gott, für die Teresa auch das Bild der Vermählung gebraucht. Das innerste Gemach unserer Seelenburg ist das «Brautgemach».

Im Bild von der Burg wird deutlich, dass christliche Mystik immer ein Weg von außen nach innen ist. Doch dieser Weg führt nicht in die Tiefe unseres Ichs, sondern in die heilige Mitte, in der unser Schöpfer wohnt, in der Christus lebt und der Heilige Geist in uns wirkt.

Es kommt nur darauf an, still genug zu werden und von der Peripherie des Lebens in die «innere Burg» zu gelangen, sich nicht ablenken zu lassen auf dem Weg in das stille und heilige Zentrum unseres Lebens und Glaubens.

Heilsame Erfahrungen

Es gibt Menschen, die in besonders radikaler Weise die Einsamkeit und Stille aufgesucht haben, um mit Gott allein zu sein und tief in ihm verankert zu werden.

So wird von Antonius dem Großen (251-356), dem ersten christlichen «Wüstenvater», berichtet, dass er jahrzehntelang in völliger Abgeschiedenheit lebte. Er hauste zunächst in einer Grabkammer, später dann in einem verlassenen Kastell und schließlich in der ägyptischen Wüste westlich des Roten Meeres.[63] An diesem Ort leben noch heute koptische Mönche in der Nachfolge des Antonius in asketischer Einfachheit zusammen, beten und feiern Gottesdienste in dem dort entstandenen weltberühmten Kloster.

Wir wissen von Antonius, dass gerade die lange Zeit seiner Stille in Gott ihm geholfen hat, sein eigenes Herz zur Ruhe zu bringen und ein großartiger Seelsorger zu werden. Unzählige Menschen pilgerten zu ihm, um Weisung, Trost und Lebenshilfe im Sinne Jesu zu empfangen.

***

Ähnliches wird uns von Seraphim von Sarow (1759-1833), einem der meistverehrten Heiligen Russlands, überliefert. Er lebte sechzehn Jahre lang als Mönch, anschließend noch sechzehn Jahre als Einsiedler in einer einsamen Holzhütte und dann weitere sechzehn Jahre in einer abgeschlossenen Klosterzelle.

Nach diesen insgesamt achtundvierzig Jahren war er wie verwandelt: Er strahlte einen großen inneren Frieden aus, den er in der Stille gefunden hatte, nämlich den Frieden Gottes, der höher ist als alle Vernunft. Tausende von Pilgerinnen und Pilgern suchten Seraphim deswegen auf und verließen ihn getröstet und befreit von ihren Sorgen und Zweifeln.

Seraphim selbst schrieb über die Bedeutung der Stille für das geistliche Leben und die Gemeinschaft mit Christus:

> *Um das Licht Christi im Herzen zu empfangen und zu fühlen, muss man sich so weit wie möglich von allen sichtbaren Dingen entfernen. Wenn man die Seele, im innigen Glauben an den Gekreuzigten, durch Buße und gute Werke gereinigt hat, muss man die leiblichen Augen schließen, den Verstand ins Herz versenken und unablässig den Namen unseres Herrn Jesus Christus anrufen … Wenn der Verstand in solchen Übungen lange genug verbleibt und* **das Herz stille wird***, dann strahlt das Licht Christi auf und erleuchtet den Tempel der Seele mit dem Göttlichen Licht.*[64]

Übungen

Sitzmeditation nach Meister Eckhart

«Ich will sitzen und will schweigen und will hören, was Gott in mir rede.» – Diese Worte Meister Eckharts lassen sich leicht übertragen in eine meditative Sitzübung.

Setze dich auf einen Hocker bzw. ein Sitzkissen am Boden
oder setze dich gerade auf einen Stuhl.
Forme mit deinen Händen gleichsam eine Schale
vor dem Unterleib.

Schließe die Augen,
tritt in einen Raum des Schweigens und der Stille ein.
Sprich im Geiste die Worte von Meister Eckhart:
«Ich will sitzen und will schweigen …»

Beginne mit der Vorstellung:
Du hast Zeit und Raum für dich selbst und für Gott.
Richte dich auf, bewege dich ein wenig hin und her,
bis du ganz senkrecht im Lot bist.
Dann lasse dich ruhig und gelassen in das Becken einsinken.
Du spürst dein Gewicht, deine Erdung zum Boden hin,
der dich trägt.
Versuche, Entspannung in deinem Körper zuzulassen.
Stell dir vor, wie alle Spannung nach unten abfließt.
Dann sammle dich in der Mitte,
wo der Atem den Leib hebt und senkt.
Du verfolgst eine Zeit lang, wie dein Atem geht und kommt.
Du spürst, wie deine Bauchdecke sich beim Ausatmen senkt
und beim Einatmen hebt, im Rhythmus des Atmens.
Dabei wirst du ganz ruhig und gesammelt,
zugleich aber hellwach.
Nun sagst du dir still:
«Ich will sitzen und will schweigen
und will hören, was Gott in mir redet.»

Nach einer Weile gehst du in einen Atemrhythmus über,
der beim Ausatmen von einem stillen Gebet getragen ist:
Einatmen – ausatmen *(dabei still sagen: «Ich will schweigen.»)*
Einatmen – ausatmen *(dabei still sagen: «Ich will hören.»)*

Wiederhole dies mindestens zehn Minuten lang …

Wenn andere Gedanken und Vorstellungen kommen,
verdrängst du sie nicht, sondern lässt sie kommen
und dahinziehen wie Wolken am Himmel,
versuchst aber, immer wieder zum Atmen und Beten
zurückzugelangen:
Einatmen – ausatmen *(dabei still sagen: «Ich will schweigen.»)*
Einatmen – ausatmen *(dabei still sagen: «Ich will hören.»)*

***

Wenn ich diese Übung über längere Zeit praktiziert hatte, konnte ich eine spannende Erfahrung machen: Ich wurde gleichsam aus meiner eigenen Enge hinaus versetzt in die unendliche Weite der Liebe Gottes und konnte mitunter – unverfügbar! – Gottes liebendes und zurechtrückendes Wort in mir «hören». Ich verstand, was der Psalmbeter meint, wenn er sagt, dass er in der Stille die Hilfe Gottes erfahren hat.

KAPITEL 10

Dunkel aushalten
Leidenskontemplation

Bleibt wach und betet!
Markus 14,38

Auch das Schwere, Dunkle und Bittere in meinem Leben
kann ich vor Gott bringen in der Stille, in der Kontemplation.

Wie Hiob auf dem Boden sitzend in seiner Not
und Jesus im Garten Gethsemane kniend in seiner Angst,
so darf ich die Finsternis aushalten,
kann harren auf den verborgenen Gott
und kann spüren, wie wichtig es ist,
gerade in scheinbar aussichtsloser Lage
zu wachen und zu beten.

Leidenskontemplation heißt:
«Wenn ich auch gleich nichts fühle
von deiner Macht,
du führst mich doch zum Ziele
auch durch die Nacht.»[65]

Bleibt wach und betet!

Markus 14,38

Unvergesslich ist mir die seelsorgerliche Begleitung einer Frau aus meiner Verwandtschaft, die ich sehr bewegend fand.

Die Frau, eine Witwe von 84 Jahren, war unheilbar an Krebs erkrankt und spürte, dass es bald auf bittere Weise mit ihr zu Ende gehen würde. Sie hatte ihr Leben lang gearbeitet, von Haus aus durch ein calvinistisches Arbeitsethos und einen nüchternen reformierten Glauben geprägt. Erfahrungen wie Meditation oder Kontemplation waren ihr völlig fremd.

Als ich im Endstadium ihrer Krankheit mit ihr sprach, hielt sie sich einmal spontan an mir fest, umarmte mich verzweifelt, schaute auf ihren ausgemergelten Körper hinab und sagte zu mir wie in einem Stoßseufzer: «Ach, was ist doch der Mensch!»

Die Hinfälligkeit und Vergänglichkeit des menschlichen Lebens waren ihr auf abgründige Weise offenbar geworden.

Danach aber, als es ihr immer schlechter ging, erstaunte sie alle, indem sie sich abends, wenn es zu dämmern begann, in ihr Wohnzimmer in einen Sessel zu setzen pflegte. Sie verzichtete auf jede Ablenkung wie Stricken, Kreuzworträtsellösen, Fernsehen, Radiohören, Lesen oder Ähnliches, ja, sie machte noch nicht einmal das Licht an, sondern saß einfach sehr lange Zeit still in der Dunkelheit da.

So etwas hatte sie noch nie in ihrem ganzen Leben getan. Als ich sie einmal so im Dunkeln vorfand, sagte ich leise zu ihr: «Jetzt bist du wohl ganz allein mit Gott.»

Sie nickte.

Biblische Grundlagen

Dass es darauf ankommt, das Dunkel des Lebens anzunehmen und auszuhalten, wird besonders deutlich im Buch Hiob. In diesem Buch wird erzählt von einem frommen und rechtschaffenen Mann, der untadelig lebt, im Frieden mit Gott, mit sich selbst und seinen Mitmenschen. Sein Leben ist in jeder Hinsicht glücklich und gesegnet.

Da trifft ihn plötzlich aus heiterem Himmel eine Reihe von Unglücksfällen. Eine «Hiobsbotschaft» nach der anderen wird ihm überbracht: Räuber stehlen seine Rinder und Kamele, seine Knechte werden ermordet. Durch Blitzschlag wird zudem seine Schaf- und Ziegenherde mitsamt den Hirten getötet. Ein Sturm lässt auch noch das Haus seines ältesten Sohnes zusammenstürzen, und alle seine Kinder kommen darin um. Alles, was Hiob hatte, wird ihm auf einmal genommen.

Als das geschehen war, so heißt es in der Bibel,

> *… stand Hiob auf, zerriss sein Obergewand und schor sich den Kopf. Dann fiel er zu Boden und betete: «Nackt bin ich zur Welt gekommen, und nackt verlasse ich sie wieder. Herr, du hast mir alles gegeben, du hast mir alles genommen, dich will ich preisen!» Obwohl dieses Leid über ihn hereinbrach, versündigte Hiob sich nicht. Kein böses Wort gegen Gott kam über seine Lippen.*
>
> HIOB 1,20-22

Welch ein großes, erhabenes, gewaltiges Glaubenszeugnis – bis auf den heutigen Tag!

Aber dann nimmt das Unglück weiter seinen Lauf. Es geht nun an seinen eigenen Körper. Hiob, so heißt es, wird krank und bekommt Aussatz vom Scheitel bis zur Sohle. Da greift er nach einer Scherbe, schabt sich die Haut auf und sitzt in der Asche. Ein Bild unbeschreiblichen Elends!

Seine drei besten Freunde hören davon und kommen, um mit ihm zu trauern. Doch wie tun sie das? Es heißt:

> *Als sie von dem Unglück hörten, das über ihn hereingebrochen war, vereinbarten sie, Hiob zu besuchen. Sie wollten ihm ihr Mitgefühl zeigen und ihn trösten. Schon von weitem sahen sie ihn, aber sie erkannten ihn kaum wieder. Da brachen sie in Tränen aus, sie zerrissen ihre Kleider, schleuderten Staub in die Luft und streuten ihn sich auf den Kopf. Dann setzten sie sich zu Hiob auf den Boden. Sieben Tage und sieben Nächte saßen sie da, ohne ein Wort zu sagen, denn sie spürten, wie tief Hiobs Schmerz war.*
>
> HIOB 2,11-13

Das ist eine angemessene Reaktion auf ein schweres Unglück, das jemanden getroffen hat: hingehen, Anteil nehmen, keine vorschnellen Worte machen, nicht zu früh irgendwelche Tröstungen versuchen, sondern mit dem anderen am Boden sitzen, zusammen schweigen, zusammen weinen, mitfühlen …

Wir sehen hier eine tief beeindruckende Leidenskontemplation. Sie dauert eine ganze Woche. Das Dunkel wird gemeinsam schweigend in Schmerz und Stille ausgehalten.

Erst dann, nach einer Woche der stummen Trauer, beginnt Hiobs Klage. Sie zieht sich durch viele Kapitel hindurch, immer wieder angefochten und infrage gestellt von seinen Freunden, die nach verborgenen Ursachen, nach Schuld und Sünde bei Hiob suchen.

Aber Hiob wehrt sich: Er besteht darauf, dass ihn alles schreckliche Unglück unverdientermaßen getroffen habe. Er hadert mit Gott. Er schreit zu Gott. Er fordert ihn im Gebet heraus. Er spürt eine tiefe Gottverlassenheit, die ihm das Herz zuschnürt, bis sich nach langer Klage eine letzte, unbändige Zuversicht Bahn bricht:

> *Eines weiß ich: Mein Erlöser lebt; auf dieser todgeweihten Erde spricht er das letzte Wort! Auch wenn meine Haut in Fetzen an mir hängt und mein Leib zerfressen ist, werde ich doch Gott sehen! Ja, ihn werde ich anschauen; mit eigenen Augen werde ich ihn sehen, aber nicht als Fremden.*
> *Danach sehne ich mich von ganzem Herzen!*
>
> HIOB 19,25-27

Hiobs Leidenskontemplation mündet in eine tiefe Sehnsucht und Hoffnung!

Und diese radikale, unverwüstliche Hoffnung Hiobs wird nicht enttäuscht. Am Schluss offenbart sich ihm Gott. Er erscheint Hiob in göttlicher Herrlichkeit. Hiob steht nicht mehr im Glauben, sondern im Schauen. Und erst im Schauen löst sich sein Leidensproblem, vorher nicht.

So ist es bis auf den heutigen Tag: Die große Frage nach dem Sinn des Leidens lässt sich nicht durch den Verstand lösen, noch nicht einmal durch den Glauben. Diese Frage klärt sich erst am Ende, im Schauen und letzten Erfahren der Liebe Gottes. Bis dahin ist die Leidenskontemplation ein stiller, entsagungsvoller Weg, der im Dunkeln verläuft.

Aber am Ende mündet er ein in die Morgendämmerung und den Sonnenaufgang der neuen Welt, in der Gott alles sein wird in allem.

Leidenskontemplation heißt auch, das eigene Leiden als eine Prüfung zu verstehen, in der wir aufgerufen sind, standzuhalten und stillezuhalten. In Jesaja 48,10 heißt es: «Siehe, ich habe dich geprüft im Glutofen des Elends» (LUT).

Wie Gold oder Silber in einem Schmelzofen geläutert wird, so kann unser wahres, gottgeschaffenes Wesen im Leiden von allen möglichen Schlacken befreit und in seinem ursprünglichen Glanz ans Licht gebracht werden.

Als Pfarrer habe ich nicht selten Menschen kurz vor oder nach ihrem Tod gesehen, auf deren Angesicht diese geläuterte Ausstrahlung auf ergreifende Weise zu erkennen war.

Jesus, der (mit-)leidende Messias

Leidenskontemplation finden wir auch im Leben Jesu. Besonders am Vorabend seines Todes, bei seinem Gebetskampf im Garten Gethsemane, wird das deutlich. Für uns als Gemeinde Jesu Christi ist das von höchster Bedeutung: Es gibt einen, der vor uns und mit uns die Abgründe der Angst, der Verzweiflung und der Traurigkeit durchlitten und gerade dadurch überbrückt hat.

Deshalb ist es so wertvoll, dass der biblische Text nichts ausblendet oder beschönigt. Gerade Jesu dunkelste Stunden im Garten Gethsemane machen offenkundig: Jesus leidet nicht nur *für* uns, er leidet auch *mit* uns. Keine menschliche Not ist ihm fremd. Er kennt und versteht auch unseren ganz persönlichen Schmerz.

Im Markusevangelium heißt es: «Und er nahm mit sich Petrus und Jakobus und Johannes und fing an zu zittern und zu zagen» (Markus 14,33; LUT). Der zitternde Jesus – das ist ein ungewohntes Bild. Aber es zeigt Jesu tiefe Menschlichkeit: Um unser Bruder zu sein in allem, darum geht er auch in die Abgründe unserer Angst hinein.

Und immer, wenn wir selbst in Situationen geraten, die uns mit Angst erfüllen, dann ist er bei uns. Dann ist er in unserer Nähe als derjenige, der im Garten Gethsemane der Bruder aller Menschen geworden ist, die von Angst gequält werden.

Jesus ist auch verzagt und traurig. Er sagt zu seinen Jüngern in jener Nacht im Garten Gethsemane: «Meine Seele ist betrübt bis an den Tod» (Vers 34; LUT). Jesus ist zu Tode betrübt, seine Seele von Trauer überwältigt. Um unser Bruder zu sein in allem, darum geht er auch in die Abgründe unserer Traurigkeiten hinein.

Und immer, wenn wir selbst in Situationen geraten, die uns mit Verzweiflung und Trübsal erfüllen, dann ist er bei uns. Dann ist er in unserer Nähe als derjenige, der im Garten Gethsemane der Bruder aller Menschen geworden ist, die von Traurigkeit gequält werden.

Aber Jesus bleibt bei Angst, Verzweiflung und Traurigkeit nicht stehen. Er nimmt sie hinein in sein Gebet. Er betet zu Gott: «Abba, Vater, alles ist dir möglich. Lass diesen bitteren Kelch des Leidens an mir vorübergehen. Aber nicht was ich will, sondern was du willst, soll geschehen» (Vers 36).

Im inneren Gebetskampf allein mit Gott, von seinen Jüngern im Stich gelassen, geschieht in seinem Herzen eine Verwandlung. Er blickt von sich selbst hin zu Gott in einem bewussten Akt des unbedingten Vertrauens, indem er sagt: «Nicht mein Wille, sondern dein Wille geschehe!»

Damit legt Jesus alle Not in Gottes Hand. Seine Angst, seine Verzagtheit, seine Traurigkeit – das alles überlässt er dem Willen Gottes. Und in dieser Hingabe wendet sich sein Geschick. Er überlässt sich dem Tod, damit Gott ihn durch den Tod hindurchführen kann ins helle Licht von Ostern.

Dadurch, dass Jesus sagt: «Nicht was ich will, sondern was du willst», überlässt er sich dem göttlichen Willen und wird im Leiden gänzlich frei von sich selbst.

***

Leidenskontemplation heißt, sich selbst loszulassen und sich in aller Bedrängnis und in allen Problemen des Lebens ganz dem Willen Gottes zu übergeben. Nikolaus von Flüe, der Nationalheilige der Schweiz, hat dies in einem kurzen Gebet ausgedrückt, das er jeden Tag morgens, mittags und abends sprach:

Mein Herr und mein Gott,
nimm alles von mir,
was mich hindert zu dir.

Mein Herr und mein Gott,
gib alles mir,
was mich hinführt zu dir.

Mein Herr und mein Gott,
nimm mich mir,
und gib mich ganz zu eigen dir.[66]

Wenn wir die Passionsgeschichte lesen und bedenken, wie Jesus durch Angst, Einsamkeit und Traurigkeit hindurch sein Leben in die Hand Gottes gelegt und sich ihm ganz und gar anvertraut hat, dann verändert uns das. Dann gewinnen wir selbst auch den Mut, uns in allem, in Freude und Leid, auf Gott auszurichten und unseren eigenen Willen dem Willen Gottes zu übereignen.

Dann sehen wir im Geist die Brücke, die Gott gebaut hat von sich selbst zu uns und von uns zu sich. Wer diese kontemplative Brücke beschreitet, der kommt am Ende über alles hinweg.

Schätze aus der christlichen Tradition

Johannes vom Kreuz

Ein großer Lehrer der Leidenskontemplation war der spanische Mystiker Johannes vom Kreuz (*Juan de la Cruz*, 1542-1591). In einfachen und armen Verhältnissen aufgewachsen, folgte er schon früh einem inneren Ruf und trat in den Orden der Karmeliten ein.

Er schloss sich den radikalen Reformern dieses Ordens an, die eine asketische Einfachheit und Echtheit des Klosterlebens in der Nachfolge Jesu anstrebten. Als äußeres Zeichen hierfür liefen sie barfuß ohne Sandalen und wurden die «Unbeschuhten Karmeliten» genannt, in Entsprechung zu den gleichgesinnten «Unbeschuhten Karmelitinnen», dem weiblichen Zweig der Reformbewegung, der von Teresa von Ávila gegründet worden war. Die Reformbestrebungen der Brüder wurden jedoch als rebellisch verurteilt. Sie wurden bekämpft und von den Vertretern des alten Ordens gnadenlos verfolgt.

Dabei sollte am jungen Juan ein Exempel statuiert werden. Er wurde von den eigenen, konservativ gesinnten Ordensbrüdern gewaltsam entführt und in eine winzige Zelle gesperrt, wo er acht Monate lang in Finsternis, Demütigung und unter größten Entbehrungen gefangen gehalten wurde.

Er wurde äußerlich und innerlich in eine «dunkle Nacht der Seele»[67] hinabgestoßen, in der er hungernd, frierend, ohne die Möglichkeit, mit jemandem zu sprechen, qualvoll ausharren musste, einzig getragen von seiner Jesusliebe. Nach acht Monaten gelang ihm allerdings auf abenteuerliche Weise die Flucht: Er schaffte es, nachts sein Gefängnis aufzubrechen, ein Fenster zu erreichen und sich an zusammengenähten Betttüchern aus schwindelnder Höhe abzuseilen. Reformierte Karmelitinnen versteckten ihn und verhalfen ihm zur Weiterreise nach Andalusien.

Während seiner Gefangenschaft machte Johannes vom Kreuz aus seiner Not eine Tugend: Da er nichts mehr sehen, hören, schmecken, spüren und genießen konnte, weihte er seine innere Not, die schmerzliche Bedürftigkeit seiner Seele (man könnte auch sagen: seine seelische Depression) ganz der Gnade Gottes. Er machte sich empfänglich für die Liebe des auferstandenen Christus, die auch in dunkelster Nacht wie eine unerschöpfliche Quelle sprudelt und die innere Leere auf unergründliche Weise wieder neu zu füllen vermag.

Er hat diese kontemplative Erfahrung schon während seiner Zeit im Kerker in ein Gedicht gefasst, aus dem später ein großes Lehrbuch christlicher Mystik entstanden ist. In diesem Gedicht heißt es:

Wie gut kenne ich die Quelle,
die sprudelt und fließt,
auch wenn es Nacht ist.

Jene ewige Quelle liegt im Verborgenen,
wie gut kenne ich ihr geheimes Versteck,
auch wenn es Nacht ist.

In der dunklen Nacht dieses Lebens,
gut, dass ich im Glauben die heilige Quelle kenne,
auch wenn es Nacht ist.

Ihren Ursprung ich nicht kenne, ursprungslos,
da aller Ursprung aus ihr stammt,
auch wenn es Nacht ist.

Ich weiß, dass es nichts Schöneres gibt
und dass Himmel und Erde aus ihr trinken,
auch wenn es Nacht ist …[68]

Franz von Sales

Ein weiterer Lehrer der Leidenskontemplation war Franz von Sales (1567-1622), Fürstbischof von Genf, ein begnadeter Seelsorger in der Tradition christlicher Mystik.

Er hat in warmen und liebevollen Worten dargelegt, dass auf dem Weg aus der Vereinigung mit Gottes Liebe zurück in den Alltag auch die Annahme des eigenen Leidens möglich ist. Im Licht Gottes verändert sich nicht nur die Sicht auf die Welt, das eigene Tun und Wollen, sondern auch auf den Sinn von Krankheit, Not, Entbehrung und Verlust.

Der Fürstbischof bekennt:

Wenn alle Engel, alle Genies der Welt studiert hätten,
was wohl in dieser oder jener Lage nütze – dieses Opfer
oder jenes Leiden, diese Versuchung oder jener schmerzliche
Verlust –, sie hätten nicht finden können, was für dich
passender gewesen wäre, als was dich getroffen hat.

So hat Gottes ewige Weisheit von Urbeginn an gesonnen, um dir dieses Kreuz aus seinem Herzen als kostbares Geschenk zu geben. Er hat es, ehe Er es dir schickte, mit seinem allwissenden Auge betrachtet, mit seinem göttlichen Verstande durchdacht, mit seiner weisen Gerechtigkeit geprüft und seinem liebenden Erbarmen durchwärmt.

Er hat es mit seinen beiden Händen gewogen, ob es nicht um einen Millimeter zu groß, ein Milligramm zu schwer sei. Dann hat er es gesegnet mit seinem heiligen Namen, mit seiner Gnade gesalbt und mit seinem Trost durchhaucht und noch einmal auf dich und deinen Mut geblickt.

So kommt es nun geradezu aus dem Himmel zu dir als ein Ruf Gottes und als ein Geschenk seiner erbarmenden Liebe, damit du ganz du selber werdest und in Gott deine Erfüllung findest.[69]

Wir haben es hier mit einem Dokument «mystischer» Seelsorge zu tun, die aufzeigt, wie die Erfahrung der Einheit mit Gott auch die Stellung zum eigenen «Kreuz» liebevoll verwandelt. Das Kreuz als «Geschenk» des barmherzigen Gottes lässt ahnen, was das Ziel auch deines Lebens werden kann: dass «du ganz du selber werdest und in Gott deine Erfüllung findest».

Gerhard Tersteegen

Nicht jeder hat ein schlimmes Lebensschicksal zu tragen – doch wir alle kennen Situationen, in denen uns Kummer, Schmerzen oder Ängste den Schlaf rauben.

In unserem evangelischen Gesangbuch finden wir ein Lied des niederrheinischen Mystikers Gerhard Tersteegen, das uns einen Weg zeigt, das Dunkel einer schlaflosen Nacht auszuhalten und zu Christus hinzuwenden. Der Liedtext lautet:

Nun schläfet man;
und wer nicht schlafen kann,
der bete mit mir an
den großen Namen,
dem Tag und Nacht
wird von der Himmelswacht
Preis, Lob und Ehr gebracht:
o Jesu, Amen.

Weg, Phantasie!
Mein Herr und Gott ist hie;
du schläfst, mein Wächter, nie,
dir will ich wachen.
Ich liebe dich,
ich geb zum Opfer mich
und lasse ewiglich
dich mit mir machen.

Es leuchte dir
der Himmelslichter Zier;
ich sei dein Sternlein, hier
und dort zu funkeln.
Nun kehr ich ein,
Herr, rede du allein
beim tiefsten Stillesein
zu mir im Dunkeln.[70]

Heilsame Erfahrungen

Marguerite-Marie, die Schwester des großen Theologen und Naturwissenschaftlers Pierre Teilhard de Chardin (1881-1955), war jahrzehntelang gelähmt und bettlägerig. Während ihr großer Bruder die Welt erforschte und voller Tatendrang die Geheimnisse des menschlichen Lebens ergründete, war sie ans Bett gefesselt. Doch sie nahm ihre Krankheit bewusst als Opfer für Gott und als Dienst für die Kirche an.

Marguerite-Marie verstarb 1936 im Alter von 53 Jahren. Im Vorwort zu ihrer Biografie schrieb Teilhard de Chardin später voller Bewunderung:

O Marguerite, liebe Schwester, während ich
im Dienst der positiven Kräfte des Universums
Länder und Meere durcheilte, leidenschaftlich bemüht,
alle Tönungen der Erde zu beobachten,
hast Du, bewegungslos auf Dein Lager hingestreckt,
in der Tiefe Deines Wesens
das schlimmste Dunkel der Welt in Licht umgewandelt.
Sage mir, Marguerite, wer von uns beiden
hat nun in den Augen des Schöpfers
den besseren Teil erwählt?

PARIS, 8. JANUAR 1950[71]

***

Ein weiteres Beispiel für die heilsame Kraft christlicher Leidenskontemplation finden wir in den Texten, die uns von Dietrich Bonhoeffer aus seinem letzten Lebensjahr überliefert sind. Er war damals inhaftiert in einer dunklen Gefängniszelle in Berlin-Tegel und musste mit seiner baldigen Verurteilung und Hinrichtung als Verschwörer gegen das Nazi-Regime rechnen.

In dieser Zeit hat Bonhoeffer Gedichte und Gebete verfasst, die zeigen, wie er sein schweres Schicksal ganz bewusst im Vertrauen auf Gott tragen wollte und konnte. So hat er für sich und seine Mitgefangenen ein Morgengebet formuliert, das mit den Worten beginnt:

Gott, zu Dir rufe ich in der Frühe des Tages.
Hilf mir beten und meine Gedanken sammeln zu Dir;
ich kann es nicht allein.
In mir ist es finster, aber bei Dir ist das Licht;
ich bin einsam, aber Du verlässt mich nicht;
ich bin kleinmütig, aber bei Dir ist die Hilfe;
ich bin unruhig, aber bei Dir ist der Friede;
in mir ist Bitterkeit, aber bei Dir ist die Geduld;
ich verstehe Deine Wege nicht,
aber Du weißt den Weg für mich.[72]

Ein ebenso ergreifendes Zeugnis für eine heilsame Leidenskontemplation ist das Gedicht *Von guten Mächten*, das Bonhoeffer zu Silvester 1944 schrieb und das als Gesangbuchlied bis heute viele Menschen getröstet und ermutigt hat. Besonders die Strophen 2-4 lassen erahnen, aus welch tiefer Not diese Zeilen erwachsen sind:

Noch will das alte unsre Herzen quälen,
noch drückt uns böser Tage schwere Last,
ach, Herr, gib unsern aufgescheuchten Seelen
das Heil, für das Du uns bereitet hast.

Und reichst Du uns den schweren Kelch, den bittern
des Leids, gefüllt bis an den höchsten Rand,
so nehmen wir ihn dankbar ohne Zittern
aus Deiner guten und geliebten Hand.

Doch willst Du uns noch einmal Freude schenken
an dieser Welt und ihrer Sonne Glanz,
dann wolln wir des Vergangenen gedenken,
und dann gehört Dir unser Leben ganz.[73]

Übung

In Zeiten großer Anfechtung kann dir die folgende Gebetsübung helfen, innerlich ruhig zu werden und zu einem neuen Gottvertrauen durchzudringen. Du kannst den Text entweder selbst lesen oder ihn dir vorlesen lassen (s. S. 21).

Gethsemane-Gebet

Wenn du in eine dunkle Lebenssituation geraten bist,
die dir sehr zu schaffen macht,
sei es eine schlimme Krankheit, ein bitterer Verlust,
ein unerwartetes Unglück
oder eine Situation innerer Angst, Qual und Bedrängnis,
dann gehe in Gedanken, mit deiner ganzen Fantasie,
in den «Garten Gethsemane» zu Jesus, deinem Bruder,
der Angst und Verzweiflung für dich und mit dir zusammen
in unsäglicher Tiefe durchlitten hat.

Schau, wie er mit der Angst vor dem Leiden
und vor dem Sterben gerungen hat.
Sieh, wie er kniet und betet, während seine Jünger schlafen.
Höre, wie er seine Jünger weckt und sie fragt:
«Könnt ihr nicht eine Stunde mit mir wachen?
Wachet und betet, damit ihr nicht in Versuchung geratet!»
Die Jünger aber fallen völlig übermüdet
wieder in einen schweren Schlaf.

Dann stelle dir vor:
Du stehst auf, gehst im Dunkeln
den kurzen, steinigen Weg zu Jesus
und kniest neben ihm, um mit ihm gemeinsam zu beten.
Du hörst seine Worte:
«Abba, Vater, alles ist dir möglich;
nimm diesen Kelch von mir;
doch nicht, was ich will,
sondern was du willst, soll geschehen.»

Du stimmst ein in das Gebet,
das Jesus seine Jünger gelehrt hat.
Du betest langsam und achtsam das Vaterunser.
Dann verweilst du bei der dritten Bitte:
«Dein Wille geschehe, wie im Himmel so auf Erden!»
Beim Ein- und Ausatmen kommst du immer wieder
auf diese drei Worte zurück:
«Dein Wille geschehe.»
Spüre dem nach, was sich dann in dir ereignet!

KAPITEL 11

Wege gehen

Kontemplatives Pilgern

Wir haben hier keine bleibende Stadt,
sondern die zukünftige suchen wir.
Hebräer 13,14 (LUT)

Pilgern heißt,
«mit den Füßen zu beten»:

Ich mache mich auf den Weg, um mich selbst,
andere Menschen und Gott näher kennenzulernen
im bewussten Gehen, Atmen, Schauen, Hören und Fühlen.
Ich spüre meine körperlichen Grenzen
und zugleich auch ungeahnte Ressourcen.

Zeiten der Stille und des Schweigens,
biblische Impulse, Andachten und Abendmahlsfeiern,
wohltuende Pausen und fröhliches Plaudern –
alles hat unterwegs seinen Platz
und lässt mich Schritt für Schritt freier werden.

Das Gehen mit leichtem Gepäck,
das «Unter-die-Füße-Bekommen» von vielem,
was mich sonst umtreibt und beschwert,
das Zurücklassen von alten Lasten und Gewohnheiten
tut Körper, Seele und Geist einfach nur gut
und eröffnet mir neue Perspektiven für mein Leben.

Und schließlich:
Das glückliche Ankommen an einem Ort,
an dem Gott schon lange in besonderer Weise verehrt wird,
die innere Ausrichtung auf die «zukünftige Stadt Gottes» –
all das hilft mir, ein Stück reifer und gelassener zu werden
und verändert in meine alltäglichen Wege zurückzukehren.

Wir haben hier keine bleibende Stadt,
sondern die zukünftige suchen wir.
Hebräer 13,14 (LUT)

Von klein auf bin ich immer gerne gewandert, zusammen mit anderen, aber auch allein. Beim Wandern kann ich mich bis heute erstaunlich gut erholen und immer wieder neue Kraft schöpfen.

Auf einer meiner Touren – ich stand im 40. Lebensjahr – hatte ich ein einschneidendes Erlebnis: Am Waldrand tauchte vor mir plötzlich ein Holzschild auf mit der Aufschrift «Beten mit den Füßen».

Ich stutzte. Dann wurde mir klar: Ich befand mich auf einem Pilgerpfad!

Ein weiteres kleines Schild am Baumstamm mit einer Jakobsmuschel erinnerte mich daran, dass hier wohl einer der vielen Pilgerwege verlief, die in einem großen Netz quer durch Europa bis nach Santiago de Compostela führen.

Aber was bedeutete das? Wie kann man «mit den Füßen beten»?

Ich wurde neugierig, informierte mich über das Pilgern und meldete mich – es war Mitte der Neunzigerjahre – für die erste Pilgerfahrt meines Lebens an.

In großer Zahl versammelte sich bald darauf Jung und Alt auf dem *Hessischen Ökumenischen Pilgerweg*. Mit Rucksack, Iso-Matte und Schlafsack ausgerüstet, machten wir uns abenteuerlustig auf den Weg. Die Strecke führte auf herrlichen Wanderpfaden durch dunkle Wälder und helles, offenes Gelände.

Wir übernachteten in Gemeindehäusern und Kirchen entlang der Route, von den Gemeindemitgliedern herzlich begrüßt, beherbergt und bewirtet. Die Wegstrecken waren so ausgesucht, dass wir längere Etappen im Schweigen gehen und an Orten der Stille unser Morgen-, Mittags- und Abendgebet halten konnten. Einmal am Tag wurde gemeinsam das Abendmahl gefeiert.

Von außen waren wir als Pilgergruppe deutlich zu erkennen, da wir ein mit Blumen geschmücktes Kreuz in unserer Mitte führten. Wie man sich leicht vorstellen kann, gab es manche spannenden Begegnungen und Gespräche mit Leuten, die wir unterwegs trafen.

Nach einer Woche waren wir zu einer echten geschwisterlichen Gemeinschaft zusammengewachsen. Aber jeder und jede von uns hatte beim Pilgern auch seine ganz persönlichen geistlichen Erfahrungen gemacht.

Besonders das lange Gehen in ausdauerndem Schweigen, mit einem biblischen Impuls im Herzen, offenbarte uns, dass man tatsächlich «mit den Füßen beten» kann. Es ließ uns innerlich wachsen in der Liebe zu Gott, zu den Mitmenschen und zu uns selbst.

Im Gehen wurde vieles von dem verarbeitet, was uns vorher beschäftigt und beunruhigt hatte. Mit jedem Schritt konnten wir Lasten abgeben an den festen Grund, der uns hält und trägt. Ja, durch die unverdrossene Bewegung unserer Beine und Füße konnten wir unsere Sorgen loswerden an den, der in Wahrheit für uns sorgt.

Nach langen Wegstrecken waren wir in Leib und Seele «leer» genug, waren wir «ausgepowert» genug, um die lebendig machende Kraft des göttlichen Geistes neu aufzunehmen, die uns durch das kontemplative Wandern geschenkt wurde.

Nach dieser ersten Erfahrung freute ich mich jedes Jahr wieder auf das Pilgern – egal bei welchem Wetter, ob bei Sonne oder Regen, Hitze oder Kälte. Was diese Zeit jeweils so wertvoll machte, waren die neu entdeckten Orte der Einkehr und Gottesverehrung und vor allem die frischen Impulse, die das «Beten mit den Füßen» stets mit sich brachte.

Biblische Grundlagen

In der Bibel wird von Anfang an von Menschen berichtet, die sich auf den Weg machen und somit – meist unbewusst – geistliche Pilgerreisen antreten:

Es geht da um den Aufbruch aus alt gewordenen Lebenssituationen, um das Unterwegssein in fremden, mitunter gefährlichen Gegenden und um die Erfahrung von Rettung, Wegweisung und Bewahrung in der Not. Wir lesen von neu gewonnenen Lebens- und Glaubensperspektiven, von der Ankunft an Orten voller ungeahnter Möglichkeiten, vom Eintreffen göttlicher Segensverheißungen sowie vom Überwinden großer Herausforderungen mit Gottes Hilfe und Beistand.

Abraham und Jakob

Der Stammvater Abraham ist hierfür ein gutes Beispiel. Im Alten Testament wird berichtet, wie er dem Ruf Gottes bedingungslos folgt, alles Vertraute loslässt und ins Ungewisse aufbricht. Er lässt sich auf ein Glaubensabenteuer ein und erreicht schließlich das Land, das Gott ihm zeigen wollte und das er für ihn vorgesehen hatte (1. Mose 12-13).

Abraham erfährt den Segen Gottes auch in seiner Familie: Er bekommt zusammen mit seiner Frau Sara im hohen Alter noch ein Kind, als dies nach menschlichem Ermessen längst unmöglich scheint. Er wird gesegnet in seiner Arbeit: Obwohl er im Unterschied zu seinem Neffen Lot karges Weideland für seine Herden wählt, gedeihen sie prächtig.

Und selbst im Leid spürt Abraham die rettende Hand Gottes. Er stirbt alt und lebenssatt, nach einem langen irdischen Pilgerweg, der ein einziger großer Glaubensweg gewesen ist.

***

Abrahams Enkel Jakob wird eher unfreiwillig zum Pilger. Weil er seinen Bruder Esau betrogen hat, muss er zu seinem Onkel in ein fernes Land fliehen (1. Mose 27-28). Auf dem langen Fußweg wird es dunkel, die Nacht bricht herein und Jakob legt sich auf dem nackten Erdboden schlafen.

Mitten in der Finsternis, in der Fremde, in Einsamkeit, Angst, Schuld geschieht etwas Erstaunliches: Jakob fängt im Schlaf an zu träumen. Er sieht eine Leiter, auf der die Engel in den Himmel hinauf- und herabsteigen. Von deren Spitze her spricht Gott zu ihm: tröstend, ermutigend, verheißend und wegweisend.

Jakob wacht auf, erschrickt über die unvermutete Gnade, die ihm zuteilgeworden ist, und errichtet an Ort und Stelle ein Pilgerdenkmal.

Nach langen Jahren kehrt er dann auf Gottes Geheiß mit seiner eigenen Familie zurück in die Heimat – auch das ein Pilgerweg. Er geht tagelang in Angst und Ungewissheit, was ihn zu Hause erwartet.

Am Fluss Jabbok muss er mit Gott ringen, sein geistliches Durchhaltevermögen wird auf die Probe gestellt. Jakob hält stand; er wird an der Hüfte verwundet, aber dennoch gesegnet. Als er schließlich im Morgengrauen den Fluss überquert, geht für ihn auch im übertragenen Sinne die Sonne auf. Durch einen langen Weg geläutert und verwandelt kann er sich mit seinem Bruder versöhnen. Er kann dankbar zurückblicken auf die Pilgerwege, die er sich nicht ausgesucht hat, die ihn aber im Grund seines Herzens gerettet haben.

Israel als Pilgervolk

Auch der Auszug des Volkes Israel aus der Sklaverei in Ägypten (2. Mose 12 ff.) ist mit einem Pilgerweg zu vergleichen. Angeführt von Mose bricht man nur mit dem Allernötigsten auf. Die Verfolger sitzen ihnen im Nacken, und doch werden die Israeliten auf wundersame Weise gerettet. Nach dem Durchzug durchs Schilfmeer stimmen sie ein begeistertes Loblied auf ihren mächtigen Gott an.

Allerdings ist die Freude über die neu gewonnene Freiheit nicht von Dauer: Das Volk wandert über lange und unbekannte Strecken, wird müde und erschöpft. Es beginnt – auch das kann zu einem Pilgerweg gehören –, in der unwirtlichen Kargheit und Hitze der Wüste zu murren und sich zurückzusehnen nach den «Fleischtöpfen Ägyptens».

Es erlebt dennoch unterwegs unverhoffte Hilfe und Bewahrung. Manna und Wachteln retten vor dem Verhungern, Wasser aus dem Felsen rettet vor dem Verdursten. Das Volk bekommt eine neue große Weisung, die Thora, von höchster Stelle. Es leidet Entbehrung, fällt in Sünde und kommt am Ende doch noch an im Gelobten Land, in dem sprichwörtlich «Milch und Honig fließen».

Auch wenn die lange Zeit der Wüstenwanderung wie ein Umweg erscheinen mag, so ist sie doch eine unverzichtbare Voraussetzung für den Eintritt in das verheißene Land. Gott gebraucht diese Pilgerjahre, um sein Volk innerlich vorzubereiten und es entscheidende Dinge zu lehren.

***

Israel entdeckt dann in späterer Zeit die heilsame Kraft von Wallfahrten zum Tempel in Jerusalem.

In den sogenannten *Wallfahrtspsalmen* wird die alle miteinander verbindende, aber auch kontemplative Erfahrung des tagelangen Unterwegsseins in froher Schar, das Erleben von Entbehrung und Gnade, von Anspannung und Erlösung auf großartige Weise erzählt und gefeiert. Die Pilgererfahrung verdichtet sich in Liedern, die uns noch heute mit ihren Worten anstecken und ermutigen können.

Als Beispiel sei der 121. Psalm zitiert:

Ein Lied für Festbesucher,
die nach Jerusalem hinaufziehen.
Ich schaue hinauf zu den Bergen –
woher kann ich Hilfe erwarten?
Meine Hilfe kommt vom HERRN,
der Himmel und Erde gemacht hat!
Der HERR wird nicht zulassen, dass du fällst;
er, dein Beschützer, schläft nicht.
Ja, der Beschützer Israels
schläft und schlummert nicht.
Der HERR gibt auf dich acht; er steht dir zur Seite
und bietet dir Schutz vor drohenden Gefahren.

Tagsüber wird dich die Sonnenglut nicht verbrennen,
und in der Nacht wird der Mond dir nicht schaden.
Der HERR schützt dich vor allem Unheil,
er bewahrt dein Leben.
Er gibt auf dich acht, wenn du aus dem Haus gehst
und wenn du wieder heimkehrst.
Jetzt und für immer steht er dir bei!

Ausgerichtet auf den Himmel

Auch im Neuen Testament wird von Pilgererfahrungen berichtet.

Schon der zwölfjährige Jesus macht sich mit seinen Eltern auf den Weg von Nazareth nach Jerusalem, um dort das Passahfest zu feiern (Lukas 2,41-52). Im Tempel kommt er ins Gespräch mit Priestern und Schriftgelehrten und spürt, dass er genau am richtigen Ort angekommen ist, im «Haus seines Vaters».

Auf dem Pilgerweg erwacht Jesus also in eine erste Phase der bewussten Gottessohnschaft. Er wird sich über seine Berufung klar, so wie es vielen Menschen beim Pilgern ergeht, wenn sich ihnen auf einmal die Platzanweisung Gottes für ihr Leben erschließt.

Zu Beginn seiner messianischen Wirksamkeit sendet Jesus seine Jünger aus (Matthäus 10). Auch sie sollen wie Pilger losziehen, mit dem Auftrag, Menschen zu heilen und ihnen das Evangelium zu verkündigen. Möglichst wenig sollen sie mitnehmen. Gott wird für sie sorgen auf ihrem Weg – und so geschieht es auch!

Schließlich ist es ein ganz besonderer Pilgerweg, den die beiden Emmausjünger am Ostertag gehen. In Trauer versunken, aller Hoffnung beraubt, merken sie erst gar nicht, welcher Wanderer sie von hinten einholt und ein Stück begleitet. Erst beim Abendessen in Emmaus gehen ihnen die Augen auf, als sie sehen, wie er dankt und das Brot bricht: Es ist Jesus, ihr geliebter Herr und Meister, der auferstanden ist aus dem Tod!

So dürfen auch wir die Erfahrung machen, dass kein schwerer Gang allein bewältigt werden muss, sondern Jesus uns unmerklich begleitet.

***

Im Hebräerbrief wird das ganze Christenleben als ein Pilgerweg gedeutet. Im 13. Kapitel heißt es in Bezug auf unsere irdische Heimat: «Wir haben hier keine bleibende Stadt, sondern die zukünftige suchen wir» (Hebräer 13,14; LUT).

Gegen die instinktive Tendenz, das Alte festhalten zu wollen, sich in Zeit und Raum komfortabel einzurichten, werden wir hier ermutigt, Altes getrost loszulassen, uns vom Überholten zu verabschieden und aufzubrechen – der zukünftigen Gottesstadt entgegen.

Es ist eine umfassende Ermutigung zum «kontemplativen Pilgern». Im wachen Bewusstsein, dass alles vergeht, im Wissen, dass wir sterben müssen und am Ende sowieso nichts in der Hand behalten können, sollen wir heiter, frei und zuversichtlich unseren Weg gehen.

Auf dem Weg dürfen wir uns immer wieder nach innen in die Stille wenden, um dann abermals mutig voranzugehen und gemeinsam mit anderen die Zeit zu durchschreiten, dem neuen Himmel und der neuen Erde entgegen!

Schätze aus der christlichen Tradition

Schon in der frühesten Christenheit haben sich Gläubige auf lange und beschwerliche Pilgerreisen begeben, besonders nach Jerusalem. Es gibt spannende Berichte von Pilgerinnen aus dem 4. Jahrhundert, die unglaubliche Entbehrungen und Strapazen auf sich genommen haben, um die heiligen Stätten zu besuchen.

So ist uns zum Beispiel der Reisebericht einer Pilgerin namens Egeria überliefert, die von 381-384 n. Chr. von Nordspanien oder Südfrankreich aus durch ganz Europa wanderte, um nach Jerusalem zu gelangen. Sie galt als eine Pionierin des Pilgerns, bewundert und kritisiert zugleich wegen ihres kühnen Entschlusses, als Frau ganz allein auf abenteuerlichsten Wegen ins Heilige Land zu gelangen. Ihr Reisebericht zeugt von ihrem großen Vertrauen auf Christus und will zugleich andere Frauen ermutigen, Ähnliches zu unternehmen.[74]

Aber auch die Pilgerrouten nach Rom und Santiago de Compostela wurden schon früh begangen und bildeten bald ein großes Wegenetz, das quer durch viele Länder bis zu den Gräbern der Apostel führte.

Im 7. und 8. Jahrhundert waren es dann Mönche aus Irland und Schottland, die das Pilgern als eine asketische Übung für sich entdeckten: Indem sie aufbrachen und in unbekannte Landstriche wanderten, nur mit dem Allernötigsten ausgestattet (Stock, Hut, Evangeliar, Hostienkapsel, Gebetbuch), wollten sie sich der Herausforderung stellen, auch in großer Ungewissheit auf Gottes Hilfe zu vertrauen. Sie verstanden das Pilgern als einen «Glaubenstest», dem sie sich mutig unterzogen.

Aus dieser asketischen Übung wurde schließlich eine gewaltige Missionsbewegung, die das Christentum in viele heidnische Gebiete Mitteleuropas brachte und nachhaltig zur

Evangelisierung unseres Kontinents beitrug. Bewirkt wurde dies alles allein durch die Macht des Wortes und der Zeichen, die der Heilige Geist geschehen ließ. Die pilgernden Mönche aus Irland und Schottland haben auf diese schlichte Weise das Gesicht Europas menschlicher, barmherziger und heller gemacht.

***

Im hohen Mittelalter waren die gelehrtesten Männer zumeist Ordensleute, in der Regel Franziskaner oder Dominikaner. Ihnen war es durch ihr Armuts- und Demutsgelübde verboten, zu reiten oder in der Kutsche zu reisen. Die Begründung: Wer auf dem Pferd sitzt, schaut auf andere herab, und das ist den Mönchen nicht erlaubt, weil es zum Hochmut verführen könnte. Die Nachfolger Jesu sollten alle ihre Wege zu Fuß zurücklegen, so wie es ihr Herr und Meister tat, als er durch Galiläa wanderte. Die Folge war, dass die größten Theologen und Prediger zugleich durchtrainierte Pilger waren.

Von Meister Eckhart, dem leidenschaftlichen Gottsucher und Dominikanermönch aus Thüringen, wissen wir zum Beispiel, dass er pro Jahr oft viele tausend Kilometer quer durch Deutschland und Europa zu Fuß, also pilgernd, zurückgelegt hat, um Klosterkonvente und große Versammlungen seines Ordens zu besuchen. Die Klarheit und Kraft seiner Predigten ist gewiss auch auf diesen besonderen «pilgernden» Lebensstil zurückzuführen.

Wer intensiv mit den Füßen betet, dem fällt es auch leicht, intensiv mit dem Herzen zu beten!

***

Eine tiefe Pilgererfahrung hatte auch der Liederdichter Gerhard Tersteegen. Einige seiner Lieder sind bis heute hilfreich, um die Bedeutung des Pilgerns für unser Christenleben zu verstehen.

Am bekanntesten ist das Lied *Kommt, Kinder, lasst uns gehen:*

Kommt, Kinder, lasst uns gehen,
der Abend kommt herbei;
es ist gefährlich stehen
in dieser Wüstenei.
Kommt, stärket euren Mut,
zur Ewigkeit zu wandern
von einer Kraft zur andern;
es ist das Ende gut.

Es soll uns nicht gereuen
der schmale Pilgerpfad;
wir kennen ja den Treuen,
der uns gerufen hat.
Kommt, folgt und trauet dem;
ein jeder sein Gesichte
mit ganzer Wendung richte
fest nach Jerusalem.

Man muss wie Pilger wandeln,
frei, bloß und wahrlich leer;
viel sammeln, halten, handeln
macht unsern Gang nur schwer.
Wer will, der trag sich tot;
wir reisen abgeschieden,
mit wenigem zufrieden;
wir brauchen's nur zur Not.

Kommt, Kinder, lasst uns gehen,
der Vater gehet mit;
er selbst will bei uns stehen
bei jedem sauren Tritt;
er will uns machen Mut,
mit süßen Sonnenblicken
uns locken und erquicken;
ach ja, wir haben's gut.

Es wird nicht lang mehr währen,
halt' noch ein wenig aus;
es wird nicht lang mehr währen,
so kommen wir nach Haus;
da wird man ewig ruhn,
wenn wir mit allen Frommen
heim zu dem Vater kommen;
wie wohl, wie wohl wird's tun.

Drauf wollen wir's denn wagen,
es ist wohl wagenswert,
und gründlich dem absagen,
was aufhält und beschwert.
Welt, du bist uns zu klein;
wir gehn durch Jesu Leiten
hin in die Ewigkeiten:
es soll nur Jesus sein.[75]

In diesem Lied wird das ganze Leben eines Christenmenschen als Pilgerweg gedeutet: Gemeinsam mit unseren Glaubensgeschwistern gehen wir durch unser Leben voran, dem Ziel der himmlischen Ewigkeit entgegen.

Heilsame Erfahrungen

Dass Pilgern eine heilsame Kraft vermittelt, wird uns von vielen Stimmen aus alter und neuer Zeit bezeugt.

So hat der dänische Theologe und Philosoph Sören Kierkegaard (1813-1855) das andächtige Gehen für sich selbst als Königsweg aus Sorgen und Ängsten, aus verstörenden Gedanken und Gefühlen entdeckt. Anderen hat er darum Mut gemacht, diese Art der Kontemplation ebenfalls zu üben und zu erproben.

In einem Brief an seine Schwägerin Sophie Henriette Kierkegaard schreibt er:

> *Verlieren Sie vor allem nicht die Lust zu gehen; ich gehe mir jeden Tag das tägliche Wohlbefinden an und entgehe jeder Krankheit; ich habe mir meine besten Gedanken angegangen, und ich kenne keinen Gedanken, der so schwer wäre, dass man ihm nicht entgehen könnte.*[76]

Acht Wohltaten des Pilgerns

In den Pilgergruppen, in denen ich selbst dabei war, haben wir unsere positiven Erfahrungen einmal zusammengefasst in «Acht Wohltaten des Pilgerns». Der Text, der dabei entstand, lautet:

1. Die Wohltat des Gehens

Es tut gut, einmal herauszukommen aus dem Alltag, mit einer Pilgergruppe zu laufen, alles unter die Füße zu bringen, was einen beschäftigt, im eigenen Rhythmus zu gehen …

2. Die Wohltat des Atmens

Es tut gut, nicht nur flach zu atmen wie zu Hause am Schreibtisch, sondern tief durchzuatmen draußen an der frischen Luft, alles auszuatmen, was beschwert, und alles einzuatmen, was erfrischt …

3. Die Wohltat des Schwitzens

Es tut gut, sich an die eigenen körperlichen Grenzen heranzutasten, ins Schwitzen zu geraten, den eigenen Körper zu spüren und auszuschwitzen, was ausgeschwitzt werden muss …

4. Die Wohltat des Redens

Es tut gut, völlig zwanglos im fließenden Wechsel miteinander ins Gespräch zu kommen, sich auszutauschen und vielleicht auch manches von der Seele zu reden …

5. Die Wohltat des Schweigens

Es tut gut, auf dem Weg zu schweigen, in der Stille zu gehen und dabei ganz bewusst zu sehen, zu hören, zu riechen, sich zu besinnen …

6. Die Wohltat des Betens

Es tut gut, «mit den Füßen zu beten», sich in Andachten, Gottesdiensten und Abendmahlsfeiern auf Gott auszurichten, zu singen, zu bitten, zu danken und zu loben in froher Runde …

7. Die Wohltat des Rastens

Es tut gut, ab und zu innezuhalten an schönen Plätzen, sich auszuruhen, sich zu stärken, miteinander zu plaudern und zu lachen …

8. Die Wohltat des Ankommens

Es tut gut, an einem Sehnsuchtsort anzukommen, es geschafft zu haben, einen Weg mit den anderen zusammen bewältigt zu haben und endlich am Ziel zu sein.

Übungen

Hymnus des hl. Patrick

Der sogenannte «Hymnus des hl. Patrick» wurde von den iro-schottischen Pilgern, die missionierend in Europa unterwegs waren, immer morgens vor dem Beginn ihres Weges gesprochen. Er hilft, sich ganz dem dreieinigen Gott zu überlassen und ihn um Beistand und Segen für den anbrechenden Tag zu bitten.

Ich erhebe mich heute
durch eine gewaltige Kraft
in Anrufung der heiligen Dreifaltigkeit,
im Glauben an die Dreiheit
und im Bekenntnis der Einheit
des Schöpfers aller Welten.

Ich erhebe mich heute
kraft der Geburt Christi und seiner Taufe,
kraft seiner Kreuzigung und Grablegung,
kraft seiner Auferstehung und Himmelfahrt,
kraft seiner Wiederkunft zum Jüngsten Gericht.

Ich erhebe mich heute
verbunden mit der Liebe der Cherubim
und der Stärke der Seraphim,
verbunden mit den Gebeten der Patriarchen
und den Weissagungen der Propheten,
verbunden mit dem Glauben der Märtyrer
und der Reinheit der heiligen Jungfrauen,
verbunden mit dem Bekennermut

und den herrlichen Taten aller Heiligen.

Ich erhebe mich heute
inmitten der Kräfte des Himmels und der Erde,
im Lichte der Sonne und im Glanze des Mondes,
im Leuchten der Feuersgluten und Sprühen der Blitze,
im Brausen des Sturmes und im Fluten des Meeres,
unter mir die Feste der Erde,
vor mir die Härte der Felsen.

Ich weihe mich heute
Gottes mächtiger Führung
Gottes wachendem Auge
Gottes lauschendem Ohr
Gottes schützenden Händen
Gottes fürsprechendem Wort
Gottes leitender Weisheit
Gottes offenen Wegen
Gottes bergendem Schild
Gottes rettender Heerschar.

Er schirme mich heute
vor den Schlingen des Teufels,
vor Versuchungen zur Sünde,
vor den Lockungen des Fleisches,
vor jedem, der mir übel will
nah und fern, allein und in der Menge.

Er schütze mich heute
vor jeder erbarmungslosen und grausamen Gewalt,
die meine Seele oder meinen Leib bedroht.

Er schütze mich heute
vor den Einflüsterungen falscher Propheten,
gottloser Menschen, gemeiner Gesellen.

Christus sei mit mir,
Christus sei vor mir,
Christus sei in mir,
Christus sei unter mir,
Christus sei über mir,
Christus zur Rechten,
Christus zur Linken,
Er die Kraft, Er der Friede.

Christus sei, wo ich liege,
Christus sei, wo ich stehe,
Christus sei, wo ich sitze.
Christus in der Tiefe,
Christus in der Höhe,
Christus in der Weite.

Er sei im Munde eines jeden, der von mir spricht.
Er sei im Auge eines jeden, der auf mich sieht.
Er sei im Ohr eines jeden, der auf mich hört.
Christus, mein Herr, Christus, mein Erlöser.

Ich erhebe mich heute
durch eine gewaltige Kraft
in Anrufung der heiligen Dreifaltigkeit,
im Glauben an die Dreiheit
und im Bekenntnis der Einheit
des Schöpfers aller Welten.[77]

Du, Gott, stützt mich

Die zweite Übung ist das innere rhythmische Sprechen eines Liedtextes beim zügigen Gehen in der Stille. Der Text stammt aus einem Kanon, der im Evangelischen Gesangbuch (Regionalteil der hessischen Kirchen) unter der Nummer 592 zu finden ist. Er lautet:

Du, Gott, stützt mich,
du, Gott, stärkst mich,
du, Gott, machst mir Mut.[78]

Da dieses Lied im Vierertakt komponiert ist, eignet es sich hervorragend zur stetigen Wiederholung während des Pilgerns. Je länger du gehst und dieses Lied dabei für dich innerlich aufsagst, bis es gleichsam «wie von selbst» voranschreitet, desto mehr spürst du die kontemplative Kraft, die diese Übung in sich birgt.

Was da gesagt ist, wird spürbar – bis in den Leib hinein. Gott stützt dich tatsächlich, er stärkt dich, er macht dir Mut, und du hast allen Grund, dich darüber allein und mit anderen zu freuen.

Pilgergebet aus dem Havelland

Herr Jesus Christus,
Du bist der Weg und die Wahrheit und das Leben.
Wir sind gemeinsam unterwegs zu Dir.
Begleite uns deshalb,
wenn wir bergauf und bergab wandern.
Fülle uns nicht nur mit frischer Luft,
sondern auch mit Deinem Heiligen Geist.

Schenke uns Kraft zum Gehen
und Mut für die Gefahren, die vor uns liegen.
Bewahre uns vor allem Bösen,
das am Wegesrand auf uns lauert,
aber auch vor allem Bösen,
das in uns selbst wohnt.
Zeige uns, wo wir abbiegen müssen,
um den Weg zur Wahrheit zu finden.
Dort wollen wir Dich suchen
und als unseren Herrn und Gott anbeten.
Und führe uns schließlich ans Ziel.
Wir wollen in der Ewigkeit bei Dir ankommen
und Dich preisen,
denn Du bist der Sinn unseres Lebens.
Amen.[79]

KAPITEL 12

Barmherzigkeit suchen

Jesusgebet

Hört niemals auf zu beten!

1. Thessalonicher 5,17

Wie der blinde Bartimäus einst flehte:
«Jesus, du Sohn Davids, hab Erbarmen mit mir!»,
und von Jesus aufgrund seines Glaubens geheilt wurde,
so wiederhole ich immer wieder die stille Bitte:
«Herr Jesus Christus, erbarme dich meiner!»

Auf diese Weise kann ich «ohne Unterlass» beten –
im Rhythmus meines Atems und Herzschlags –,
kann ich die Worte tief in mich einsinken lassen,
bis sie ein selbstverständlicher Teil von mir werden.

Und dann geschieht wie bei Bartimäus das Wunder:
Die innere Quelle der göttlichen Barmherzigkeit,
aus der ich lebe und stets neu getröstet werde,
öffnet sich in mir und keine Macht der Welt
kann sie wieder verschließen.

Ich lebe unter dem Schutz und Segen des Guten Hirten,
der sich über mich erbarmt.

Hört niemals auf zu beten!

1. Thessalonicher 5,17

Als Dorfpfarrer im Odenwald wurde ich einmal zu einer Frau mittleren Alters gerufen, die an einem unheilbaren Hirntumor litt und verzweifelt Trost und Hilfe suchte. Während unseres Gesprächs sagte sie mir: «Wissen Sie, ich würde so gerne beten, aber ich kann es nicht mehr. Ständig schießt der stechende Kopfschmerz dazwischen und durchkreuzt alles. Selbst das Vaterunser kann ich nicht mehr beten. Was soll ich nur tun?»

Ich wagte es, ihr vom Herzensgebet zu erzählen, das ich selbst gerade erst kennengelernt hatte. Ich erklärte ihr, dass es ein Atemgebet ist, das einfach aus den zwei Zeilen besteht: «Herr Jesus Christus, erbarme dich meiner!» Beim Einatmen betet man: «Herr Jesus Christus …» und beim Ausatmen: «erbarme dich meiner!»

Diesen Vorgang wiederholt man so lange, bis er wie von allein weiterläuft und jeden Atemzug begleitet. So wird es von einem Gebet des Kopfes zu einem Gebet des Herzens – ein Gebet, das bereits von den ersten Mönchen der Christenheit entdeckt und geübt wurde.

Ich empfahl der sterbenskranken Frau, dieses Gebet zu versuchen, weil es so kurz und durch den Atem direkt mit dem ganzen Leib, mit der ganzen Existenz verbunden ist. Ich sagte ihr: «Selbst wenn Sie schreckliche Schmerzen haben, so müssen Sie und werden Sie doch immer bis zum Schluss atmen. Wenn Sie das einfache Gebet an den Atem binden, kann es gar nicht gestört und durchkreuzt werden.»

Nach einiger Zeit besuchte ich die Frau wieder. Sofort erzählte sie mir, wie ihr dieses Herzensgebet tatsächlich geglückt sei und ihr geholfen habe, sich in aller Not und Bedrängnis der Barmherzigkeit Gottes anzuvertrauen. Bis zum Schluss atmend und mit dem Herzen betend ist sie dann innerlich getröstet von dieser Welt gegangen.

Mir selbst wurde das Herzensgebet, das auch Jesusgebet genannt wird, ebenfalls häufig zu einer Art «Rettungsseil» in Zeiten der Krankheit und in besonders schwierigen oder herausfordernden Lagen. Es gab mir Ruhe im Sturm, Frieden im Streit, Trost in der Bedrängnis.

Nach meiner Erfahrung steht diese Art der Kontemplation unter einem besonderen geistlichen Segen. Vor allem in Extremsituationen, wenn es nicht mehr gelingt, in freien oder geprägten Worten zu beten, ist dieses an den Atem und den Herzschlag gekoppelte Gebet ein letzter und tiefer Zugang zum Herzen Gottes.

Biblische Grundlagen

Im Neuen Testament wird oft erzählt, wie sich Menschen in Augenblicken innerer Erschütterung und körperlicher oder seelischer Schwachheit mit kurzen Gebetsrufen an Gott wandten, in der Gewissheit, dass Gott uns auch ohne viele Worte hört und versteht.

Diese biblischen Stoßgebete sind bis heute für uns eine echte Lebenshilfe. Wenn wir etwa spüren, dass unser Glaube erlahmt oder verblasst, dann dürfen wir innehalten und wie die Apostel im Evangelium innerlich rufen: «Stärke uns den Glauben!» (Lukas 17,5; LUT).

Wenn scheinbar aussichtslose Lebensereignisse unser Gottvertrauen erschüttern, können wir uns mit dem Vater des epileptischen Jungen vor Jesu Füße werfen und flehen: «Ich glaube; hilf meinem Unglauben!» (Markus 9,24; LUT).

Wenn es noch schlimmer kommt und wir in eine extreme Gottesfinsternis gestürzt werden, dann dürfen wir mit Jesus schreien: «Mein Gott, mein Gott, warum hast du mich verlassen?» (Matthäus 27,46).

Wenn wir das Gefühl haben, dass uns alles entgleitet, brauchen wir uns von unserer Angst nicht erdrücken zu lassen, sondern können mit Jesus kurz und vertrauensvoll beten: «Vater, in deine Hände lege ich meinen Geist!» (Lukas 23,46).

Wenn es dunkler wird in unserem Leben und immer mehr körperliche Einschränkungen oder seelische Einsamkeit uns zu schaffen machen, dann dürfen wir mit den Emmausjüngern bitten: «Herr, bleibe bei uns!» (Lukas 24,29; LUT).

Wenn sich eine neue Herausforderung vor uns auftürmt, von der wir spüren, dass wir sie aus eigener Kraft nicht bewältigen können, dann hilft uns das kurze Stoßgebet aus Psalm 25: «Mein Gott, ich hoffe auf dich» (Psalm 25,2; LUT).

Beim Beginn einer neuen Lebensphase, an Silvester oder unserem Geburtstag dürfen wir unser ganzes Leben überdenken und vertrauensvoll sagen: «Meine Zeit steht in deinen Händen» (Psalm 31,16; LUT).

Wenn wir uns verloren vorkommen, ungeliebt und nicht beachtet, dann tut es gut, in der Stille zu beten: «Du hast mich bei meinem Namen gerufen, ich bin dein» (vgl. Jesaja 43,1; LUT).

Wenn unser Herz uns anklagt und uns die Selbstzweifel quälen, ob wir vor Gott richtig und gut sind, dann dürfen wir mit Petrus sagen: «Herr, du weißt, dass ich dich lieb habe» (Johannes 21,15).

Vor einem Fest, einer großen Veranstaltung oder einer wichtigen Unternehmung können wir, kurz bevor es losgeht, innehalten und das Stoßgebet zum Himmel schicken: «O Herr, hilf! O Herr, lass wohlgelingen!» (Psalm 118,25; LUT).

Kleines Gebet, große Wirkung ...

Es gibt noch ein Stoßgebet, einen Gebetsruf, der im Markus-Evangelium überliefert ist und der sich zur Keimzelle für eine ganze Gebetsbewegung, nämlich die Tradition des Herzensgebets, herausgebildet hat. Es ist der Ruf des blinden Bartimäus vor den Toren von Jericho. Im Bericht von Markus heißt es:

> *Dann kamen Jesus und seine Jünger nach Jericho. Als sie die Stadt wieder verlassen wollten, folgte ihnen eine große Menschenmenge. An der Straße saß ein Blinder und bettelte. Es war Bartimäus, der Sohn von Timäus. Als er hörte, dass es Jesus aus Nazareth war, der vorbeikam, begann er laut zu rufen: «Jesus, du Sohn Davids, hab Erbarmen mit mir!» Die Leute fuhren ihn an, er solle still sein. Aber er schrie nur noch lauter: «Du Sohn Davids, hab Erbarmen mit mir!»*
>
> *Da blieb Jesus stehen: «Ruft ihn her zu mir.» Ein paar von den Leuten liefen zu dem Blinden und sagten zu ihm: «Nur Mut! Steh auf, Jesus ruft dich!» Da warf er seinen Mantel zur Seite, sprang auf und kam zu Jesus. «Was soll ich für dich tun?», fragte ihn Jesus. «Rabbi», flehte ihn der Blinde an, «ich möchte sehen können!» Darauf antwortete Jesus: «Geh! Dein Glaube hat dich geheilt.» Im selben Augenblick konnte der Blinde sehen, und er ging mit Jesus.*
>
> MARKUS 10,46-52

Hier wird berichtet, wie der an Jesus gerichtete Schrei nach Erbarmen einen blinden Mann gerettet und geheilt hat.

Die ersten Mönche in der ägyptischen Wüste dachten: Was Bartimäus geholfen hat, wird auch uns helfen. Sie fingen an, mit derselben Intensität und Unbeirrbarkeit den Gebetsruf des Blinden immer und immer wieder für sich selbst zu wiederholen. Sie erinnerten sich dabei an die Worte des Paulus, der seine Gemeinde in Thessalonich aufforderte: «Betet ohne Unterlass!» (1. Thessalonicher 5,17; LUT). Sie spürten, wie das Bartimäusgebet «ohne Unterlass» mit dem Atem gekoppelt werden kann, und so entstand die Tradition des oben beschriebenen Herzensgebets, auch Jesusgebet genannt.

Schätze aus der christlichen Tradition

Man kann vier Epochen unterscheiden, in denen die Praxis des Herzensgebets wie in einem teils offenen, teils verborgenen unterirdischen Segensfluss durch die Geschichte der Christenheit geströmt ist.

Auf der Halbinsel Sinai entstand im 4. und 5. Jahrhundert der Überlieferungsstrom des *Ruhegebets*, wir würden heute sagen: der christlichen Kontemplation im strengen Sinne des Wortes. Mönche zogen sich in die äußere Einsamkeit zurück, um an abgelegenen Orten in der Wüste ihr Leben und Beten ganz auf die innerliche Frömmigkeit auszurichten.

Ihr *Ruhegebet* geht zurück auf die Lehre vom «reinen Gebet» des Euagrios Pontikos (345-399), das heißt auf die Lehre vom gedankenfreien und bildlosen Meditieren. Pontikos, selbst ein hochgelehrter Mönch und Asket, verband in sich die Spiritualität der Wüstenväter und der großen Theologen seiner Zeit aus der sogenannten *Schule von Alexandria*. Das Gebetsleben der Brüder vom Sinai war von einer starken Jesusfrömmigkeit geprägt, was zur unentwegten vertrauensvollen Anrufung des Jesusnamens führte.

Als die Entwicklung und Übung des *Ruhegebets* auf dem Sinai langsam abebbte, kam es zu einem neuen Aufblühen dieser besonderen christlichen Mystik im 14. Jahrhundert auf dem heiligen Berg Athos in Griechenland. Durch den hl. Gregor vom Sinai (1255-1346) vermittelt, kam das *Jesusgebet* oder *Herzensgebet* in die Klöster und Einsiedeleien auf dem Athos und wurde dort zum Quell einer lebendigen Spiritualität.

Vom Athos aus wurde die Übung des *Jesusgebets* in den griechischen und slawischen Raum getragen. Der heilige Gregor vom Sinai wirkte auch hier als Vermittler. Er gründete in seinen späteren Jahren im bulgarischen Gebiet von Paroria an der Grenze zum byzantinischen Reich ein Kloster und unterwies Mönche unterschiedlichster Herkunft in dieser besonderen Form des Gebets.

Durch russische Mönche und *Starzen* (das heißt erfahrene Lehrer und Seelsorger in den orthodoxen Klöstern) gelangte die Tradition schließlich nach Russland und wurde in der russisch-orthodoxen Welt heimisch.

Eine weit verbreitete Textsammlung aus der Orthodoxie, die sogenannte *Philokalie* (wörtlich: «Liebe zur Schönheit», auch *Tugendliebe* genannt), spielte hierbei ebenfalls eine wichtige Rolle. Sie enthält viele Erläuterungen, Reflexionen und Erfahrungen zum Jesusgebet und trug auf diese Weise dazu bei, dass das Gebet auch außerhalb von Klöstern, Kirchen und Einsiedeleien im Kirchenvolk bekannt wurde.

Es setzte sich die Auffassung durch, dass jeder Christ und jede Christin zu diesem Gebet berufen sei. Allerdings müsse es verbunden bleiben mit einer eifrigen und treuen Lektüre der biblischen Schriften, insbesondere der Evangelien.

Die Christinnen und Christen der orthodoxen Kirche in Griechenland, Russland und anderen Ländern bewahrten so das *Jesusgebet* oder *Herzensgebet* in ihrer Gebetspraxis bis heute als einen uralten geistlichen Schatz.

Aufrichtige Erzählungen eines russischen Pilgers

In der westlichen Welt wurde dieser Schatz ans Licht gebracht durch ein besonderes Werk, das Ende des 19. Jahrhunderts von einem unbekannten russischen Verfasser herausgegeben wurde. Es ist das spannende und lesenswerte Buch *Aufrichtige Erzählungen eines russischen Pilgers*. Es beginnt mit den Worten:

> *Ich, nach der Gnade Gottes ein Christenmensch, meinen Werken nach ein großer Sünder, meiner Berufung nach ein heimatloser Pilger niedersten Standes, pilgere von Ort zu Ort. Folgendes ist meine Habe: auf dem Rücken trage ich einen Beutel mit trockenem Brot und auf der Brust die Heilige Bibel; das ist alles. In der vierundzwanzigsten Woche nach Pfingsten kam ich in eine Kirche zur Liturgie, um dort zu beten; gelesen wurde aus der Epistel an die Thessalonicher im fünften Kapitel der siebzehnte Vers; der lautet: Betet ohne Unterlass!*
>
> *Dieses Wort prägte sich mir besonders ein, und ich begann darüber nachzudenken, wie man wohl ohne Unterlass beten könne, wenn doch ein jeder Mensch auch andere Dinge verrichten muss, um sein Leben zu erhalten. Ich schlug in der Bibel nach und sah dort mit eigenen*

Augen dasselbe, was ich gehört hatte, und zwar, dass man ohne Unterlass beten, bei allem Gebet und Flehen allezeit im Geiste beten und darin wachsen muss in Ausdauer und allerorts mit zum Gebet erhobenen Händen. Ich dachte viel darüber nach, wusste aber nicht, wie das zu deuten sei.[80]

Liest man nun weiter, erfährt man, wie sich der Pilger auf den Weg macht, um bei Predigern und anderen Menschen, die es wissen müssten, mehr über das innere Gebet zu erfahren. Er begegnet vielen, die trefflich über das Gebet reden können, aber er findet niemanden, der in der Lage ist, es ihm beizubringen.

Da begegnet er einem *Starzen*, einem angesehenen orthodoxen Lehrer und Seelsorger, der das unablässige innere Gebet «genau und aus Erfahrung» kennt. Dieser gibt dem Pilger folgende Erklärung:

Das unablässige innere Jesusgebet ist das ununterbrochene, unaufhörliche Anrufen des göttlichen Namens Jesu Christi mit den Lippen, mit dem Geist und mit dem Herzen …
bei jeglichem Tun, allerorts, zu jeder Zeit, sogar im Schlaf.
Es findet seinen Ausdruck in folgenden Worten:
Herr Jesus Christus, erbarme dich meiner!
Wenn sich nun einer an diese Anrufung gewöhnt, so wird er einen großen Trost erfahren und das Bedürfnis haben, immer dieses Gebet zu verrichten, derart, dass er ohne dieses Gebet gar nicht mehr leben kann, und es wird ganz von selbst aus ihm strömen. Verstehst du nun, was das unablässige Gebet ist?[81]

Der Pilger versteht, aber er möchte mehr erfahren, und so belehrt ihn der *Starzen* bis in die Morgenstunden hinein. Aus dem

Buch *Die Tugendliebe* zitierend, lässt er ihn folgendermaßen üben:

> *Setz dich still und einsam hin, neige den Kopf, schließe die Augen; atme recht leicht, blicke mit deiner Einbildung in dein Herz, führe den Geist, das heißt das Denken aus dem Kopf ins Herz. Beim Atmen sprich, leise die Lippen bewegend oder nur im Geiste: «Herr Jesus Christ, erbarme dich meiner.» Gib dir Mühe, alle fremden Gedanken zu vertreiben. Sei nur still und habe Geduld und wiederhole diese Beschäftigung recht häufig.*[82]

Der Pilger ist am Ziel. Er hat endlich einen Lehrer für das innere Gebet gefunden und den Sinn des Schriftwortes aus dem 1. Thessalonicherbrief verstanden. Nun beginnt er, diesen selbst zu seinem Lebensinhalt zu machen.

Heilsame Erfahrungen

Es gab und gibt Menschen, die das Jesusgebet so sehr verinnerlicht haben, dass sie es sogar im Schlaf weiterbeten. Der Griechenlandkenner Erhart Kästner schildert in seinem Buch *Die Stundentrommel vom heiligen Berg Athos*[83] anschaulich, wie er nachts einen Mönch beständig diesen einen Satz flüstern hörte: *«Kyrie Jesu Christe, hyie tu Theu, eleison me»* (griechische Version des Jesusgebets).

So weit wie dieser Mönch, der sein ganzes Leben dem Dasein vor Gott gewidmet hat, wird selten jemand kommen. Aber auch wir können, in den uns gesetzten Grenzen, das Jesusgebet üben und seinen Segen erfahren.

«Jesus, du Sohn Davids, erbarme dich meiner!» – Dieser Gebetsruf, der dem blinden Bartimäus zu Rettung und Heilung verhalf, hat seit damals nichts von seiner geistlichen Kraft und Tiefe verloren.

Bis heute ist das Herzensgebet ein heilsamer Zugang zur Barmherzigkeit Gottes, wie sie uns in Jesus Christus offensteht. Viele, die sich diese uralte Gebetspraxis angeeignet haben, berichten von einer Verwandlung des Herzens, die ihr Leben und das Leben ihrer Mitmenschen leichter, freier und heller gemacht hat.

Manche verspüren durch die Verankerung in der Barmherzigkeit Christi eine tiefe Freude und einen inneren Frieden, der auch an dunklen Tagen erhalten bleibt. Sie merken, wie durch das Jesusgebet die Früchte des Heiligen Geistes wachsen können. Dazu gehört zum Beispiel die Fähigkeit, zu vergeben und alten Groll loszulassen, jedoch auch umgekehrt die Bereitschaft zu einer vielleicht schon lange fälligen Bitte um Verzeihung.

Des Weiteren kann in Situationen, die früher gereizte Ungeduld hervorgerufen haben (Warteschlangen im Supermarkt, Stau auf der Autobahn, Ärger in der Familie oder am Arbeitsplatz), als geistliche Frucht Geduld entstehen. Und schließlich führt das beständige Üben des Jesusgebets zu größerer Selbstbeherrschung im Reden und Überredenwollen, im Urteilen über andere, im Essen und Trinken und überhaupt im gesamten Konsumverhalten.

Die größte Frucht ist aber zweifellos die eigene Barmherzigkeit, also die Fähigkeit, Schwachheit bei sich selbst und anderen liebevoll anzunehmen. Wer das Erbarmen Jesu ohne Unterlass erbittet, wird es dankbar empfangen und an andere weitergeben in Güte und Freundlichkeit.

Übungen

Die Übung des Jesusgebets ist zunächst sehr einfach: Du wiederholst mündlich oder still in deinem Innern unaufhörlich das Gebet: «Herr Jesus Christus, erbarme dich meiner!» (oder auch: «Herr Jesus Christus, hab Erbarmen mit mir!»)

In der Ostkirche ist die gebräuchlichste Form: «Herr Jesus Christus, Sohn Gottes, erbarme dich über mich armen Sünder.» Oft werden auch einfach nur die zwei Worte «Jesus Christus» oder noch kürzer das eine und einzige Wort «Jesus» gebetet.

Welche Gebetsformel man auch immer verwendet, Mittelpunkt und Herzstück der Anrufung ist der heilige Name selbst. In ihm liegt die ganze Kraft des Gebetsrufs.

Die Gebetsworte sollte man jedoch nicht allzu oft verändern, denn zum Grundwasser kommt man nicht, wenn man an vielen Stellen nur ein wenig bohrt, sondern wenn man an einer einzigen Stelle in die Tiefe vordringt.

Das ruhige, unablässige Wiederholen wird in der Regel mit dem Rhythmus des Atems in Einklang gebracht: beim Einatmen «Herr Jesus Christus», beim Ausatmen «erbarme dich meiner». Der Name Jesus wird auf diese Weise, wie die Alten sagten, an unseren Atem «geklebt».

Der Ausgangspunkt des Betens ist die innere Versenkung und Konzentration auf das eigene Herz. Im Rhythmus der Gebetsübung löst sich die Aufmerksamkeit unseres Bewusstseins allmählich von dem, was die Stille und das Schweigen des Herzens stört, und sammelt sich auf die Anbetung hin.

Auch wenn die Anrufung des Jesusnamens überall und jederzeit geschehen kann, so ist es doch gut, gewisse Zeiten und Orte für eine regelmäßige Übung des Jesusgebets auszuwählen. Das gilt besonders für den Einstieg in diese Form der Kontemplation.

Dann sollten die folgenden Schritte beachtet werden, wie sie von einem anonymen Mönch der Ostkirche zusammengefasst wurden[84]:

- *Vor Beginn des Gebetes komme zur Ruhe und sammle dich, stelle dich in Ehrfurcht in die Gegenwart Gottes bis zum Bewusstwerden seiner Nähe und rufe im Herzen den lebendigen Glauben wach, dass Gott dich sieht und bereit ist, dich zu erhören. Sei ganz in der Gegenwart. Bringe dir auch zum Bewusstsein, wer Gott ist und wer du selbst bist.*

- *Bevor du mit dem Aussprechen des Namens Jesu beginnst, erbitte den Antrieb und die Führung des Heiligen Geistes. Der Name Jesus kommt erst in ein Herz, wenn es zuvor von dem reinigenden Hauch und der Flamme des Geistes erfüllt wurde (vgl. 1. Korinther 12,3).*

- *Beginne damit, den Namen Jesus ehrfürchtig und liebend auszusprechen. Bleibe fest dabei. Wiederhole ihn. Denke nicht daran, dass du jetzt den Namen anrufst; denke allein an Jesus. Sprich langsam, sanft und ruhig seinen Namen aus. Verbissene Anstrengung und die Suche nach gesteigertem Erlebnis werden nutzlos sein.*

- *Alles beruht auf einem freien, bewussten Hinwenden zu Gott … Suche die Macht des Jesusgebetes im Hinwenden von Herz und Verstand zu Gott.*

- *Bete in der Einfachheit des Herzens ohne jegliches Nachdenken und ohne irgendwelche Erscheinungen zu erwarten. Vertraue auf den Herrn, dass Er dich mit der Zeit auf den rechten Weg des Herzensgebets führen und dich das Gelobte Land schauen lassen wird.*

- *Lass dich nicht dadurch anfechten, dass du das Gebet anfangs nur mit der Zunge sprichst, die Gedanken umherirren und die Trägheit dich übermannt. Die Erfahrung lehrt, dass die monotone Wiederholung einer Gebetsformel unseren Verstand allmählich beruhigt, der ständig am Analysieren und Reflektieren ist. Wenn es nur um einen einzigen Gedanken geht, verschwinden nach und nach die vielfältigen Gedanken. Unsere Aufmerksamkeit wird auf das Eine gesammelt, und wir finden mehr und mehr in die Ausrichtung dessen, was wir beten.*

- *Wenn es dir nicht möglich ist, den Namen des Herrn mit Andacht, Eifer und großer Aufmerksamkeit anzurufen, weil deine Seelenkräfte schwach sind, dann wird der Herr deinen guten Willen annehmen. Daher sagten auch die Väter: Bete, wie du kannst, mit deinem zerstreuten Geist; mit der Zeit wird der Herr dir auch das reine, gesammelte Gebet gewähren.*

- *Ein solches Anrufen des heiligen Namens bildet gleichsam den Vorhof des Betens. Wenn du eine gewisse Zeit für die Anrufung des Namens verwendet und dabei nichts «gefühlt» hast, dann glaube nicht, dass deine Zeit vertan und deine Anstrengung fruchtlos gewesen sei. Im Gegenteil, dieses taube Gebet war möglicherweise Gott wohlgefälliger als die Augenblicke des Hingerissenseins, denn es war frei von jeder ichbezogenen geistigen Freude.*

***

Zur Anrufung des Namens Jesu solltest du nicht durch irgendeine Laune oder willkürliche Entscheidung kommen, sonst wirst du bald wieder aufgeben.

Wie der Pilger in den *Aufrichtigen Erzählungen* (siehe oben) solltest du das Jesusgebet nur aus dem Verlangen heraus üben, Christus zu gehorchen und ihm ganz zu gehören. Will man das Gebet «erfolgreich» verrichten, muss man sein ganzes Leben ihm weihen. Die Übung des Jesusgebets soll schließlich dazu führen, dass du mehr und mehr in Gottes Gegenwart lebst und dir vom Aufwachen bis zum Einschlafen bewusst bist, dass er dich sieht.

Obwohl der Wortlaut wie ein Bittgebet klingt, steht beim Jesusgebet die Anbetung Christi im Vordergrund. Die Bitte um Erbarmen ist Ausdruck der eigenen Erlösungsbedürftigkeit und der lebendigen Hoffnung auf Christus, den Guten und barmherzigen Hirten unseres Lebens.

Ausblick

Wie kann es weitergehen? Wie kannst du die Anregungen zur Meditation und Kontemplation aus diesem Buch dauerhaft in deinen Alltag und in dein eigenes Gebetsleben integrieren?

Nun, du kannst das, was dich besonders angesprochen oder neugierig gemacht hat, ganz einfach ausprobieren und – wenn es sich für dich bewährt – über eine gewisse Zeit beibehalten. Hast du da eine gute Fährte für dich gefunden, dann ist es wichtig, dieser Spur konsequent zu folgen. Lass dich auf deinem Weg nicht beirren! Hier gilt, was Paulus empfiehlt: «Prüft jedoch alles und behaltet das Gute!» (1. Thessalonicher 5,21).

Du hast auch die Möglichkeit, innerhalb von zwölf Wochen die vorgestellten Meditations- und Kontemplationsweisen jeweils eine Woche lang zu testen. So lernst du alle unterschiedlichen Formen kennen und kannst dich dann für diejenige entscheiden, die in deiner jetzigen Lebenssituation am besten zu dir passt.

Du kannst dir dafür aber auch 24 Wochen lang Zeit nehmen und die vorgestellten Übungen jeweils 14 Tage am Stück erproben. Dann bietet sich zum Beispiel die Zeit von Epiphanias (6. Januar) bis zum Johannistag (24. Juni) dafür an.

Oder willst du vielleicht ein ganzes Jahr zu einem besonderen Jahr der Stille und des Gebets für dich machen? Dann kannst du die zwölf Monate des Jahres nutzen, um den Kranz der meditativen Gebetsformen in aller Ruhe zu durchlaufen. Danach wirst du erkennen, welcher Weg oder welche Wege (in Kombination) heilsam und gut für dich sind.

Entscheidend ist nicht, *wie* du genau vorgehst, sondern *dass* du dich auf den Weg machst und offen bist für die Erfahrungen, die Gott dir auf diesem Weg schenken möchte!

***

Alle Übungen sind so gestaltet, dass du sie für dich allein oder auch mit anderen zusammen umsetzen kannst.

In einer Gruppe lässt es sich jedoch immer leichter meditieren. Die Gruppe trägt dich und du trägst die anderen mit. Gemeinsam spannt ihr sozusagen das «Zelt der Begegnung» (2. Mose 33,7) auf, in dem ihr Gott und euch selbst wieder neu hören und erfahren könnt.

Empfehlenswert ist es auch, in deiner Gemeinde Zeiten und Räume für die meditative und kontemplative Begegnung mit Gott zu initiieren. Angebote wie «Exerzitien im Alltag» oder «Räume der Stille» in Kirche und Gemeindehaus sind gute Möglichkeiten hierfür.

Setze dich behutsam ein für mehr Stille, auch im Gottesdienst. Wirb für gemeinsames Meditieren, mache anderen Lust, wieder bewusster zu schauen, zu hören, zu lesen, zu schreiben, zu beten, zu singen, zu tanzen, zu pilgern mit einem neugierigen, offenen Herzen!

Vertraue darauf, dass gerade aus der Stille, aus dem Eintreten in den Tempel der Liebe Gottes, aus der inneren Ausrichtung auf Gottes kommendes Reich eine Dynamik erwachsen kann, die dem Leben und dem Frieden unter den Menschen dient.

«Gebet ist das Atemholen der Seele», so hat es der anglikanische Theologe John Henry Newman (1801-1890) einmal formuliert.[85] In diesem Sinne wünsche ich dir, dass du entdeckst, wie heilsam und segensreich es ist, «Jesus zu atmen»!

Anmerkungen

1. Martin Luther: *Deutsche Auslegung des Vaterunsers für die einfältigen Laien (1519)*, Zur 6. Bitte, in: *Luther Deutsch*, hrsg. v. Kurt Aland, Bd. 5: *Die Schriftauslegung*, Vandenhoeck & Ruprecht: Göttingen 1990, S. 265.
2. Zitiert nach: Karin Johne: *Einübung in christliche Mystik – Ein Kursus mit Meister Eckehart*, Styria: Graz, Wien, Köln 1991, S. 5.
3. Antoine de Saint-Exupéry: *Der kleine Prinz*, Karl Rauch Verlag: Düsseldorf 1963, S. 72.
4. *Weisung der Väter – Apophtegmata Patrum, auch Gerontikon oder Alphabeticum genannt*, übers. u. hrsg. v. Bonifaz Miller, Paulinus: Trier 2002[5], S. 122.
5. *Die Schriften des hl. Franziskus von Assisi*, hrsg. v. Kajetan Esser u. Lothar Hardick, Dietrich-Coelde-Verlag: Werl i. Westf. 1972[4], S. 164 f.
6. Angelus Silesius: *Der cherubinische Wandersmann*, hrsg. v. Erich Brock, Classen: Zürich 1946, S. 53.
7. *Evangelisches Gesangbuch*, Ausgabe für die Evangelisch-Lutherischen Kirchen in Niedersachsen und für die Bremische Evangelische Kirche, Verlagsgemeinschaft für das Evangelische Gesangbuch Niedersachsen/Bremen: Hannover, Göttingen 1994, Lied Nr. 503, Strophen 1-3 und 7.
8. Mascha Kaléko: *In meinen Träumen läutet es Sturm*, Deutscher Taschenbuch-Verlag: München 1977, S. 54.
9. Zitiert nach: Gerhard Ruhbach, Josef Sudbrack (Hrsg.): *Große Mystiker – Leben und Wirken*, Beck: München 1984, S. 240.
10. Franz Jalics: *Kontemplative Exerzitien – Eine Einführung in die kontemplative Lebenshaltung und in das Jesusgebet*, Echter: Würzburg 2001[7], S. 31.

11. Erich Zenger: *Psalmen*, Band 1: *Mit meinem Gott überspringe ich Mauern*, Herder: Freiburg i. B., Basel, Wien 2003, S. 42.

12. Karl Barth: *Einführung in die evangelische Theologie*, EVZ-Verlag: Zürich 1963[2], S. 177.

13. Zitiert nach: https://www.herder.de/afs/hefte/archiv/2016/3-2016/sie-hilft-uns-zu-werden-lectio-divina-die-verwandlungskraft-der-bibellektuere/

14. Ebd.

15. Guigo der Kartäuser: *Scala claustralium – Die Leiter der Mönche zu Gott*, übers. u. eingel. v. Daniel Tibi, Bautz: Nordhausen 2010[3], S. 31 f.

16. Ebd., S. 33.

17. Ebd., S. 46.

18. Martin Luther: *Vorrede zum ersten Band der Wittenberger Ausgabe der deutschen Schriften* (1539), in: *Weimarer Ausgabe*, Weimar 1883-1929, Band 50 (WA 50), S. 658-661.

19. Martin Luther: *Eine einfältige Weise zu beten*, Vier-Türme-Verlag: Münsterschwarzach 2011, S. 40.

20. Dietrich Bonhoeffer: *Werke*, Bd. 14: *Illegale Theologenausbildung: Finkenwalde 1935-1937*, Gütersloher Verlagshaus: Gütersloh 1996, S. 114-148.

21. Ebd., S. 112-114.

22. F. M. Dostojewski: *Die Brüder Karamasoff*, Piper: München 1952, S. 476.

23. Zitiert nach: https://www.evangeliums.net/zitate/reinhold_schneider.htm

24. *Evangelisches Gesangbuch*, Ausgabe für Bayern und Thüringen, Ev. Presseverband für Bayern e.V., München 1995[2], S. 1522.

25. Zitiert nach: https://www.bibel-lesen.de/2013/02/joerg-zink

26. Zitiert nach: Peter Zimmerling: *Evangelische Spiritualität – Wurzeln und Zugänge*, Vandenhoeck & Ruprecht: Göttingen 2003, S. 40.

27. https://wikipedia.org/wiki/Sofer

28. Ruth & Karl-Heinz Röhlin: *Dag Hammarskjöld – Mystiker und Politiker*, Kösel: München 2005, S. 84.

29. Zitiert nach: https://abtei-st-hildegard.de/tagebuch-fuehren-mit-der-benediktsregel
30. So nach dem Alttestamentler Hans Walter Wolff (1911-1993). Die Wurzel des hebräischen Wortes für «Herrlichkeit» (*kabod*) bedeutet auch «schwer» oder «wuchtig».
31. Zitiert nach: *The Cambridge Companion to Bach*, hrsg. v. John Butt, Cambridge University Press: Cambridge, New York (New York), Oakleigh (Melbourne) 1997, S. 256.
32. Zitiert nach: https://orthpedia.de/index.php/Kirchengesang
33. Zitiert nach: https://www.martin-schlotz.de/system/files/1407/original/Martin_Luther_und_die_Musik-Vortrag_von_Martin_Schlotz.pdf?1341492611
34. Ebd.
35. Friedrich Seebaß: *Friedrich Christoph Oetinger – Denker und Seelsorger*, Brunnen: Gießen, Basel 1953, S. 8.
36. Zitiert nach: https://de.wikipedia.org/wiki/Ein_deutsches_Requiem
37. *Evangelisches Gesangbuch*, Ausgabe für Niedersachsen und Bremen, Lied Nr. 85, Strophe 9.
38. Eine Abbildung der Skulptur ist zu finden unter: https://de.wikipedia.org/wiki/Datei:Johannesminne_Heiligkreuztal.jpg
39. Zitiert nach: https://www.christliche-meditation.net/anleitung/ikone
40. Eine Abbildung von Flües Radbild ist zu finden unter: https://bruderklaus.com/niklaus-von-fluee-dorothee-wyss/leben-und-wirken/meditationsbild-2/
41. Ebd.
42. Zitiert nach: https://bruderklaus.com/wp-content/uploads/2021/03/anhang_teil2.pdf
43. Eine Abbildung der Christus-Statue ist zu finden unter: https://karmel-baernbach.graz-seckau.at/pfarre/4091/heiligedesordens/artikelheilige/article/19878.html

44. Anthony de Mello: *Meditieren mit Leib und Seele – Neue Wege der Gotteserfahrung*, übers. v. Martin Kämpchen, Butzon und Bercker: Kevelaer 1991[5], S. 151.

45. Ebd., S. 152.

46. Heinrich Spaemann: *Orientierung am Kinde – Meditationsskizzen zu Mt 18,3*, Patmos-Verlag: Düsseldorf 1967, S. 13.

47. *Evangelisches Gesangbuch*, Ausgabe für Niedersachsen und Bremen, Lied Nr. 165, Strophe 6.

48. Zitiert nach: Ruhbach, Sudbrack (Hrsg.): *Große Mystiker*, S. 133.

49. Anselm Grün, Michael Reepen: *Gebetsgebärden*, Vier-Türme-Verlag: Münsterschwarzach 1995[5], S. 34.

50. Ebd., S. 35 f.

51. Cyrill von Jerusalem: *Katechese XIII, 36*, in: *Patrologia Graeca*, Teil 33, Migne: Paris, S. 816.

52. *Evangelisches Gesangbuch*, Ausgabe für Niedersachsen und Bremen, Nr. 815 bzw. 852.

53. Vgl. Peter Dyckhoff: *Mit Leib und Seele beten – Die neun Gebetsweisen des Dominikus*, Herder: Freiburg i. B., Basel, Wien 2003.

54. Heiner Wilmer: *Gott ist nicht nett – Ein Priester fragt nach seinem Glauben*, Herder: Freiburg i. B., Basel, Wien 2013, S. 202.

55. *Evangelisches Gesangbuch*, Ausgabe für Niedersachsen und Bremen, Lied Nr. 165, Strophe 5.

56. Beda Müller (Hrsg.): *Komm in mir wohnen – Erfahrungen mit Meditation*, Schwabenverlag: Ostfildern 1993, S. 178 ff.

57. Ebd., S. 20.

58. *Evangelisches Gesangbuch*, Ausgabe für Niedersachsen und Bremen, Lied Nr. 165, Strophe 1.

59. Meister Eckhart: *Deutsche Predigten und Traktate*, hrsg. u. übers. v. Josef Quint, Carl Hanser Verlag: München 1977[4], S. 157.

60. Ebd., S. 273.

61. Zitiert nach: Zimmerling: *Evangelische Spiritualität*, S. 40.

62. Teresa von Ávila: *Die innere Burg*, hrsg. u. übers. v. Fritz Vogelgsang, Diogenes: Zürich 1979, S. 20.

63. Vgl. Peter Gemeinhardt: *Antonius – Der erste Mönch*, C.H. Beck: München 2013, S. 53 ff.

64. Zitiert nach: *Aufrichtige Erzählungen eines russischen Pilgers*, hrsg. u. eingel. von Emmanuel Jungclaussen, Herder: Freiburg i. B. 1990[18], S. 22.

65. *Evangelisches Gesangbuch*, Ausgabe für Niedersachsen und Bremen, Lied Nr. 376, Strophe 3.

66. Nikolaus von Flüe: *Erleuchtete Nacht*, hrsg. v. Gertrude u. Thomas Sartory, Herder: Freiburg i. B., Basel, Wien 1982[2], S. 60.

67. Vgl. Johannes Boldt: *Johannes vom Kreuz – Sein Leben in Kontemplation und Aktion*, Matthias-Grünewald-Verlag: Mainz 1990, S. 68 ff.

68. Zitiert nach: Ebd., S. 75.

69. Zitiert nach: Ruhbach, Sudbrack (Hrsg.): *Große Mystiker*, S. 250.

70. *Evangelisches Gesangbuch*, Ausgabe für Niedersachsen und Bremen, Lied Nr. 480.

71. Zitiert nach: *Pierre Teilhard de Chardin in Selbstzeugnissen und Bilddokumenten*, dargest. v. Johannes Hemleben, Rowohlt Taschenbuch Verlag: Reinbek bei Hamburg 1966, S. 117.

72. Zitiert nach: *Dietrich Bonhoeffer – Von guten Mächten. Gebete und Gedichte*, interpretiert v. Johann Christoph Hampe, Kaiser: München 1990[7], S. 7.

73. Ebd., S. 33.

74. Vgl. https://de.wikipedia.org/wiki/Egeria_(Pilgerin)

75. *Evangelisches Gesangbuch*, Ausgabe für Niedersachsen und Bremen, Lied Nr. 393, Strophen 1, 2, 4, 6 und 10-11.

76. Zitiert nach: https://jochenteuffel.com/2022/06/07/soren-kierkegaard-uber-das-gehen-in-einem-brief-an-seine-schwagerin-sophie-henriette-kierkegaard-1847-verlieren-sie-vor-allem-nicht-die-lust-zu-gehen-ich-gehe-mir-jeden-tag-das-tagliche-wohlbefi/

77. *Altkeltische Dichtungen*, übertr. u. eingel. v. Julius Pokorny, Francke: Bern 1944, S. 116-119.

78. *Evangelisches Gesangbuch,* Ausgabe für die Evangelische Kirche in Hessen und Nassau, Spener Verlagsbuchhandlung: Frankfurt/Main 1994, Lied Nr. 592.

79. Verfasst von Pfarrer Christoph Seydich aus dem Havelland, Evangelische Kirchengemeinde Milo.

80. *Aufrichtige Erzählungen eines russischen Pilgers*, hrsg. u. eingel. v. Emmanuel Jungclaussen, Herder: Freiburg i. B., Basel, Wien 1974, S. 23.

81. Ebd., S. 30.

82. Ebd., S. 31.

83. Erhart Kästner: *Die Stundentrommel vom heiligen Berg Athos*, Insel-Verlag: Wiesbaden 1956, S. 86.

84. Vgl. *Das Jesusgebet – Anleitung zur Anrufung des Namens Jesus, von einem Mönch der Ostkirche*, hrsg. u. eingel. v. Emmanuel Jungclaussen, Pustet: Regensburg 2001[7].

85. Zitiert nach: https://www.aphorismen.de/zitat/109

Alle Internetquellen wurden zuletzt aufgerufen am 23.04.2024.

Über den Autor

Dr. Stefan Kunz, Jg. 1956, evangelischer Theologe, Autor und Seelsorger, war viele Jahre Pfarrer im hessischen Bensheim. Sein Herz schlägt für christliche Mystik und geistliche Übungswege. Er ist verheiratet und hat drei erwachsene Kinder; inzwischen ist er mit Leidenschaft Großvater und Pfarrer i.R. («in Rufbereitschaft»).

Marina Gaenslen

Ich bin dann mal ganz bei mir

Eine Reise ins eigene Leben

Ein unvergesslicher Spaziergang an der norddeutschen Küste. Nirgendwo, sagt die Autorin, kann ihr Inneres mehr Raum finden, nirgends kann es sich mehr «auseinanderfalten». Nirgends kann sie mehr aufatmen als dort an der Nordsee.

Unterwegs erlebt sie, wie ganz sanft und angenehm die wichtigsten und existenziellsten Lebensfragen nach vorn treten dürfen: «Was scheint durch in den Dingen, Bildern und Ereignissen, die mir begegnen?»

Die Seele will zur Ruhe kommen, will Antworten finden; sie will an der Hand genommen werden, will andocken. Hier darf es geschehen.

Feinsinnige Texte, inspirierende Fotos, Transparentpapier, Raum für eigene Gedanken und Eintragungen – ein einzigartiger Führer durch das eigene Leben

156 Seiten, Hardcover
Durchgehend vierfarbig, mit zahlreichen Fotos
ISBN 978-3-03848-060-0